# Pronti...Via!

## ITALIANO 4

Progetto: *Lorenzo Taffarel*

Racconto "Polvere nera nel bosco" di *Luigi Dal Cin*

Catya Santarossa è autrice della parte da pag. 3 a pag. 34
Pamela Soldati è autrice della parte da pag. 35 a pag. 66

Copertina: Paola Dalle Vedove

Disegni: Paola Dalle Vedove

Redazione: Larisa Taffarel



1ª edizione: Aprile 2004



Via Boarie, 10/A Camino
31046 Oderzo -Treviso
Tel. 0422/716702 - 440031 Fax 0422/963835
e-mail: editrice.info@tredieci.com
www.tredieci.com

# Indice

# LETTERE IN ORDINE

Per mettere in ordine alfabetico delle parole, la prima regola da seguire è quella di considerare la prima lettera.

RISCRIVI IN ORDINE ALFABETICO LE PAROLE RIQUADRATE.

## IL POLLICE DI PIERINO

Una giovane mamma pensa che sia arrivato il momento di guarire il figlioletto dal vizio di succhiarsi il pollice e decide di farlo ragionare.

- Dimmi, Pierino, il pollice che succhi ha un buon sapore?
- No - ammette il piccolo.
- Allora è buono da masticare?

Il bimbo scuote negativamente la testa.

- E allora perché lo succhi?
- Perché - risponde il bambino dopo averci pensato un po'- non fa ingrassare.

| | | | | | |
|---|---|---|---|---|---|
| 1 | | 4 | | 7 | |
| 2 | | 5 | | 8 | |
| 3 | | 6 | | | |

SCRIVI I NOMI NELLE CASELLE; SCRIVI ACCANTO A CIASCUNO LA DEFINIZIONE CHE RIPORTA IL VOCABOLARIO.

- È il cibo preferito dagli Italiani.
- Lo si mette, dopo una caduta, per proteggere la ferita.
- Lo si usa per tagliare.
- Fumano negli stabilimenti industriali.

Pasta ............................................................................................

Cerotto ............................................................................................

Coltello ............................................................................................

Ciminiere ............................................................................................

# CHE PAROLA CERCO?

Nel dizionario non ci sono tutte le parole che trovi nei libri o che usi quando parli.

Pensa ad esempio alla parola "rido".

Tu puoi dire "io rido" oppure "io riderò" , oppure ancora "noi ridemmo" ecc.

Per trovarla nel dizionario tu devi cercare "ridere".

Nel dizionario si seguono queste regole:

1) - le parole che cambiano il numero vengono riportate al singolare;

Es. Se vuoi trovare "alberi", devi cercare albero;

2) - le parole che cambiano genere vengono riportate al maschile;

Es. Se vuoi trovare "bambina", devi cercare......................... ;

3) - i verbi vengono riportati nella forma in -are, -ere, -ire.

Es. Se vuoi trovare "mangiò", devi cercare .......................... .

COLORA LA CASELLA DELLA PAROLA CHE DOVRAI CERCARE NEL DIZIONARIO PER CONOSCERE IL SIGNIFICATO DEI SEGUENTI VOCABOLI.

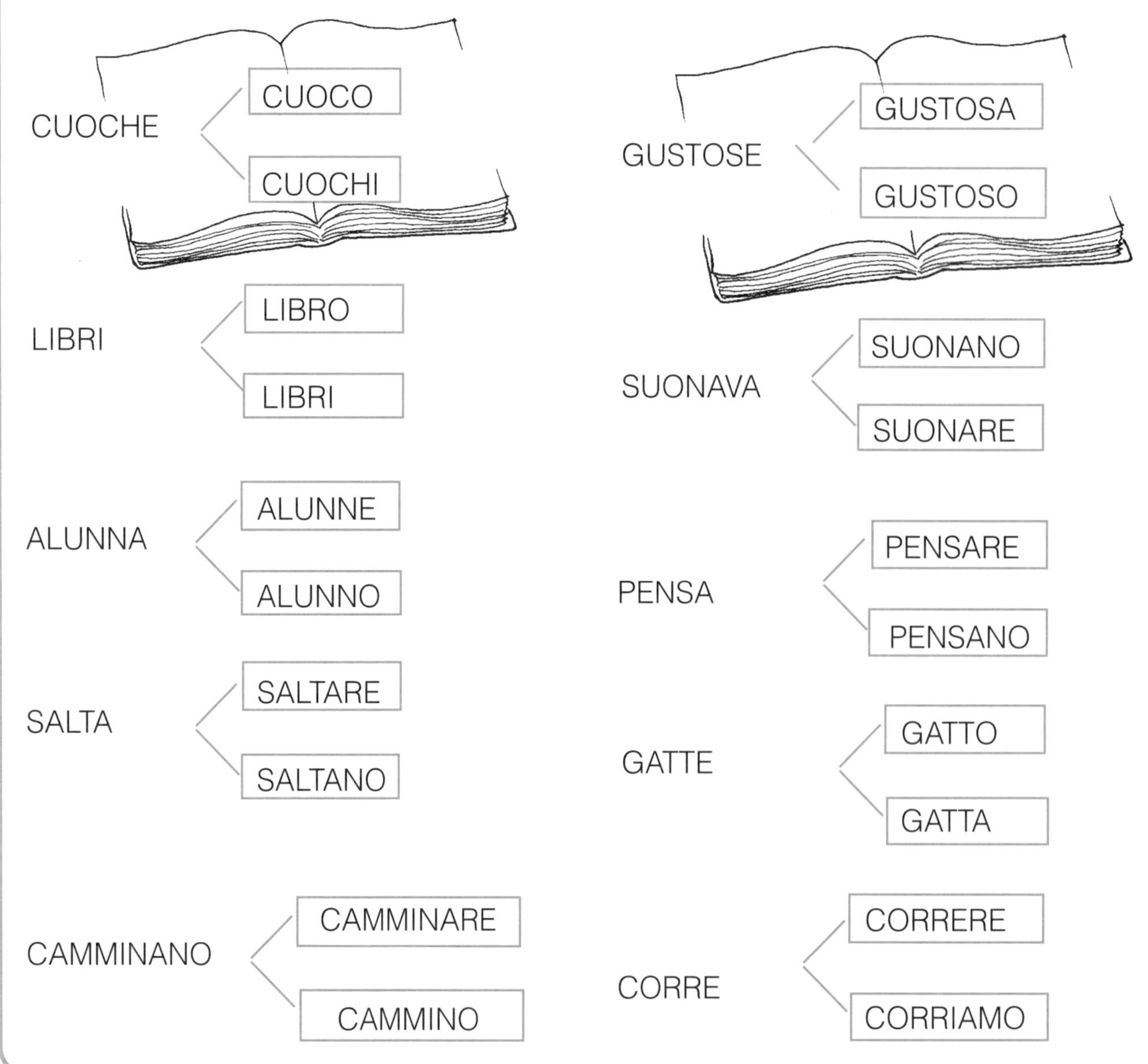

# I SEGNI DEL DIZIONARIO

Nel dizionario trovi tutto quanto riguarda una parola: come si scrive, il suo significato, tanti segni e parole abbreviate che ti aiutano a capire la funzione grammaticale della parola. Trovi, inoltre, la parola usata in contesti diversi che ti fanno capire come essa possa avere tanti significati a seconda di come l'usiamo.

Osserva la parola cane.

**cà-ne** *n.m.* | 1 Il cane è stato il primo animale addomesticato dall'uomo = *mammifero domestico, allevato in molte razze diverse.* 2 Quello non è uno scrittore, ma un cane! = *persona che svolge la sua attività molto male.* 3 Appena si fa scattare il cane del fucile, il proiettile parte = *parte di un'arma da fuoco.*

⟶MAMMIFERO ⟶ TAVOLA ANIMALI DOMESTICI: CANI

( segue una ricca tabella di modi di dire in cui compare la parola cane).

**etim.** dal latino canis= cane.
**f.** cagna
**pl. m.** cani
**dim.** cagnetto, cagnettino, cagnolino, cagnino.
**accr.** cagnone
**pegg.** cagnaccio

**cà-ne** *agg.* | Oggi fa un freddo cane = si usa per rinforzare l'idea espressa da un nome; terribile, tremendo.

STOP non cambia né al f. né al pl.

COLLEGA OGNI PAROLA AL CARTELLINO GIUSTO.

|  |  |
|---|---|
| ASINO | AGG. ⟶ AGGETTIVO |
| LO | N.M. ⟶ NOME MASCHILE |
| BELLO | ART.DET. ⟶ ARTICOLO DETERMINATIVO |
| UNA | VERBO ⟶ VERBO |
| DI | PREP. SEMPL. ⟶ PREPOSIZIONE SEMPLICE |
| SCALA | N.F. ⟶ NOME FEMMINILE |
| COLLA | ART. INDET. ⟶ ARTICOLO INDETERMINATIVO |
| TRA | |
| FIORE | |
| CANTARE | |

NOTA: se non hai ancora un dizionario, ti consigliamo il "**Dizionario illustrato della lingua italiana**" ed. Piccoli. È completo e molto utile, ricco di illustrazioni.

# IN ORDINE ALFABETICO

NEL DIZIONARIO TROVA LA PAROLA CHE PRECEDE E QUELLA CHE SEGUE.

TROVA L'INTRUSO IN UNA SUCCESSIONE DI PAROLE DISPOSTE IN ORDINE ALFABETICO. RIQUADRALA E SCRIVILA SOTTO NELLA LINEA. FORMERAI IL TITOLO DI UN DIZIONARIO.

- danza - dentista - dolce - due - dizionario

- immagine - interesse - illustrato - ippica - isola
- difficoltà - distintivo - dollaro - della - domenica
- limare - lingua - limite - limone - limpido
- italiana - invenzione - invio - involucro - invulnerabile.

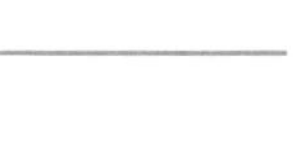

RISCRIVI IN ORDINE ALFABETICO QUESTE SERIE DI PAROLE.

- bello - grande - dolce - coraggioso - luminoso

- leone - cane - gatto - pulcino - lucciola

- canta - suona - pensa - salta - corre

- casa - cucina - camera - scrivania - salotto

# MINESTRONE DI SINONIMI

COMPLETA OGNI COLONNA, SCEGLIENDO TRA I SINONIMI CONTENUTI NEL PENTOLONE.

AGIRE
MALVAGIO
MALIGNO
AFFASCINANTE
GRADEVOLE
DELIZIOSO
REALIZZARE
ALIMENTO
CREARE
NUTRIMENTO
VIVANDA
ADOPERARSI
MALEDUCATO
CARINO
EMPIO
OPERARE
ELEGANTE
PREPOTENTE
VITTO
VETTOVAGLIA

| BELLO | FARE | CIBO | CATTIVO |
|---|---|---|---|
| | | | |
| | | | |
| | | | |
| | | | |
| | | | |

## IL GIOCO DELLE COPPIE

UNISCI CON UNA FRECCIA I SINONIMI.

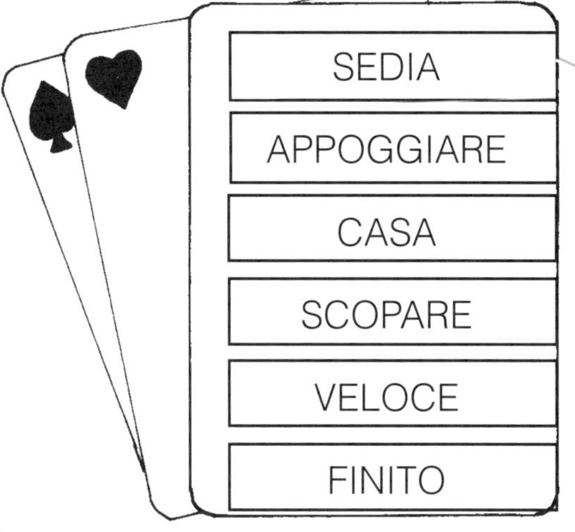

# SINONIMI E CONTRARI

LEGGI LA STORIA E INSERISCI I SINONIMI (IN CORSIVO) NELLE DUE COLONNE.

## IL GATTO SCHIZZO

È un *simpatico* gatto dal pelo grigio e bianco:
Schizzo l'han chiamato perché di giocare non è mai stanco.
In un'*allegra* casetta in riva al mare
è andato ad abitare
in compagnia di un bambino *vivace* e *spensierato*
che di fare il *burlone* non si è ancora stufato.
Un giorno quell'*intrepido* micione
con un balzo salta giù dal balcone
e si avventura *coraggioso*
alla ricerca di un pranzetto appetitoso.
Avvista la preda, affila gli artigli, salta *sicuro*...
accidenti è finito contro un muro!
Al *fiero* e *audace* felino
non resta che rivolgersi al suo *spiritoso* padroncino.

| SIMPATICO | CORAGGIOSO |
|---|---|
| ______ | ______ |
| ______ | ______ |
| ______ | ______ |
| ______ | ______ |
| ______ | ______ |

TROVA IL CONTRARIO.

simpatico → ______
allegro → ______
coraggioso → ______
grasso → ______
veloce → ______
pulito → ______
vicino → ______
educato → ______
saporito → ______
chiacchierone → ______
liscio → ______
basso → ______

# CONTRARI

COMPLETA IL CRUCIVERBA CON I CONTRARI DELLE PAROLE SOTTOLINEATE. NELLA COLONNA COLORATA POTRAI LEGGERE QUALCOSA PER TE.

1. Un libro interessante.
2. Una giornata triste.
3. Un ombrello bagnato.
4. Una vacanza corta.
5. Un carico leggero.
6. Il fratello minore.
7. Un animale lento.
8. Un mare agitato.
9. Una persona nemica.
10. Un paese ricco.

## UNA STORIA AL CONTRARIO

DOPO AVER LETTO ATTENTAMENTE LA STORIA, PROVA A SCRIVERNE UNA TU DAL TITOLO: IL SIGNOR AMAROSALE.

### La signorina Dolcemiele

La maestra, la signorina Dolcemiele, aveva ventitré o ventiquattro anni e un bellissimo, pallido viso di Madonna, con occhi azzurri e capelli castano chiaro. Era così snella e fragile da dare l'impressione che, se fosse caduta, sarebbe andata in mille pezzi, come una statuina di porcellana.

Betta Dolcemiele era mite e tranquilla, non alzava mai la voce e sorrideva di rado, ma aveva la rara capacità di farsi amare al primo sguardo dai propri alunni.

Dal viso della signorina Dolcemiele emanava uno strano calore, particolarmente intenso quando parlava a un bambino che si sentiva particolarmente triste, affrontando per la prima volta la scuola.

Roald Dahl, *Matilde*, Salani

# LE DOPPIE

COMPLETA IL CRUCIVERBA DEGLI ANIMALI. SEGUI LE CASELLE NUMERATE E SCOPRIRAI IL NOME DI UN INSETTO MOLTO AFFASCINANTE!

1- Tipo di scimmia. ________

2- Ha una grossa coda e vive sugli alberi.

3- L'animale con il collo più lungo. ________

4- Insetto con 5 puntini neri ________

5- Animale che nitrisce. ________

6- ________

7- ________

8- ________

9- Fa le fusa. ________

10- Ha due gobbe. ________

11- Prima era un bruco. ________

12- ________

L'INSETTO È:.........................................................

### *FRASI ...COLORATE!*

COMPLETA LE PAROLE CON LE DOPPIE GIUSTE E POI COLORALE CON IL COLORE PIÙ ADATTO.

1) Ho visto delle api su......hiare il po......ine dai girasoli.
2) Nel mio giardino ci sono molti alberi: dei pio......i, delle betu......e e dei fa......i.
3) La Fe.......ari è a......ivata prima al Gran Premio di Monza!
4) La pista era ghia.......iata, ma la neve era a....ondante per sciare.
5) Il mare era mo....o: in lontananza si vedevano i peschere...i tornare al porto.
6) La mia case......a ha il te......o ro......o e le pareti a......u......e.
7) Nei tempi antichi si via......iava su ca......o......e trainate da cava......i.
8) Nel caste......o del marchese le do......e filavano e gli uomini comba......evano e giocavano a sca......hi.
9) Ne......a savana la gira......a e la ga......e......a temono il feroce leone.
10) La ve......hia de......e fiabe è spe......o una fatina o una streghe......a.

# ANDIAMO PER NEGOZI!

COMPLETA CON LE CONSONANTI SINGOLE O DOPPIE.

DAL FRUTTIVENDOLO

Albico……he  Pe…erone
Zu……hine  Me…anzana
Cipo……e  Me…one
Radi……hio  No……iole
Pre……emolo  Po…odori

DAL CARTOLAIO

pe…..are……i  ma…ite
go……a  astu…….io
zai…. o  righe…….i
temperi…o  carte……ine

DAL MECCANICO

Marte……i  vi…i
Ca…..iaviti  bu……oni
Chio…i  scalpe……i

DAL GIOCATTOLAIO

pa……oni  bambo…e
costru…ioni  bura……ini
tro……ole  ma……hine……e

GUARDA L'IMMAGINE E SCRIVI TUTTE LE PAROLE CON LE DOPPIE .

LEGGI QUESTE COPPIE DI PAROLE E PER OGNUNA INVENTA UNA FRASE.

CASA - CASSA  PALA - PALLA  CARO - CARRO

# MP-MB

COMPLETA LE PAROLE CON MP O MB.

- Il suono del ta……uro preannunciava il co……attimento tra i due cavalieri.
- A nove……..re piove spesso: porto se……..re con me l'o……..rello.
- È scoppiato un grosso te……..orale: un la…….o ha squarciato il cielo.
  Sarà i……..ossibile uscire di casa.
- Le i…….ronte lasciate sul terreno erano di uno sci……..anzé.
- Sono molto i…….ortanti quelle lettere: devono arrivare in te……..o.
  Le i……..ucherò oggi stesso!

INSERISCI LE PAROLE RIQUADRATE NEL RACCONTO SOTTO (ALCUNE SONO USATE DUE VOLTE).

SCIMPANZÉ

TEMPORALE

IMPRONTE

TEMPO

SEMPRE

IMPOSSIBILE

LAMPO

IMPORTANTI

IL LADRO DI NOCCIOLINE

L'investigatore Zezé è sulle tracce di un pericoloso ladro.

Il furfante è entrato nella tana dello scoiattolo e ha rubato tutta la riserva di noccioline. Lo ……………………… non ha ……………. da perdere: fra breve scoppierà un grosso ……………………… che cancellerà le …………………… tracce lasciate sotto l'albero e renderà così ……………………… stabilire chi è il colpevole.

Lì sotto ci sono infatti un mucchio di …………………… di vari animali.

Ci sono le ……………………… di un cane, di un topolino, di una chiocciola, di una gallina.

A Zezé viene un ………….. di genio!

- Non ho dubbi! – esclama - So chi è il colpevole! Come ……………… sono il migliore!

E tu hai indovinato chi è stato a rubare le noccioline? Pensa a quale animale piacciono le noccioline. È stato ………………………………………

DISEGNA TUTTI GLI ANIMALI NOMINATI NEL RACCONTINO.

# CU-CQU-QU

RICORDA

Si usa CU prima di una consonante: es. C U R V A

Si usa QU prima di una vocale: es. Q U A D R O

Si usa CQU nelle parole che derivano da *acqua* e in alcuni verbi (*acquistare, acquietare, acquattarsi, acquisire, sciacquare*, ecc.).

CHE INQUINAMENTO! IL FUMO HA COPERTO ALCUNE LETTERE (CU, CQU, QU): FALLE RICOMPARIRE!

In ……cina ho pulito l'a…….aio scia…….andolo con l'aceto.

Mio ….gino ha cin…..e anni.

Nell'a……ario di Genova ci sono anche gli s….ali

Ho costruito un a….ilone e l'ho colorato con gli a……erelli.

Nella …lla un bambino dormiva tran….illo.

Il pittore nel …..adro ha rappresentato un campo di …..adrifogli.

Ho a…..istato un li……ore molto costoso: sono …..rioso di assaggiarlo.

L'a……edotto fornisce l'a…..a a tutto il ……artiere.

Durante l'a…..azzone il ….cciolo si riparò nella ….ccia.

LE PAROLE CAPRICCIOSE SI SCRIVONO CON CU ANCHE SE DOPO C'È UNA VOCALE. COMPLETALE E UNISCILE AI DISEGNI CORRISPONDENTI.

….ore

s…..ola

….oco

….oio

tac….ino

…..ocere

s…..otere

per….otere

ris….otere

cir…ito

C'È SOLO UNA PAROLA CHE SI SCRIVE CON DUE Q.
RIORDINA LE LETTERE E LO SAPRAI:

| 7 | 1 | 2 | 6 | 5 | 3 | 8 | 4 | 9 |
|---|---|---|---|---|---|---|---|---|
| D | S | O | A | U | Q | R | Q | O |

……………………………………………………………………………

# GLI/LI

RICOPIA LE PAROLE AL POSTO GIUSTO.

Sono un coniglio
mi chiamo Emilio
amo il trifoglio
e non voglio finire arrosto nell'olio.
Sono una triglia
mi chiamo Amalia
vivo a Marsiglia
e so ballare la quadriglia.
Sono un capodoglio
disegnato su un ventaglio
e mi chiamo Attilio.
Sono qui in esilio
vorrei tornare in mare
ma non so più nuotare.
Sono un ammiraglio
e mi chiamo Cornelio.
Ho perso il mio naviglio
e vivo su uno scoglio.

Da M. Bongiovanni, *Maestra come si scrive?* Il Capitello

| GLI | LI |
|---|---|
| | |
| | |
| | |
| | |
| | |
| | |
| | |
| | |
| | |
| | |
| | |

SCRIVI VICINO AD OGNI DISEGNO IL NOME (CONTIENE GL).

# SCI - SCE

GUARDA LE IMMAGINI E SCRIVI I NOMI NELLE CASELLE (OGNI PAROLA HA UN NUMERO DI LETTERE DIVERSO).
NELLE CASELLE COLORATE SCOPRIRAI IL NOME DI UN' ANTICA SPADA .

COMPLETA CON SCI E SCE.

1) Lo .....atore cono.......va molto bene la pista.
2) La mucca muggi....., l'elefante barri..... e il cavallo nitri.....
3) Mia cugina preferi..... nuotare in pi.....na piuttosto che al mare.
4) Che .....occo! Ho la.....ato la ......arpa al ristorante!
5) Entrò in ......na lo ......riffo e catturò i banditi.
6) La povera .....mmia era inseguita da uno ....ame d'api.

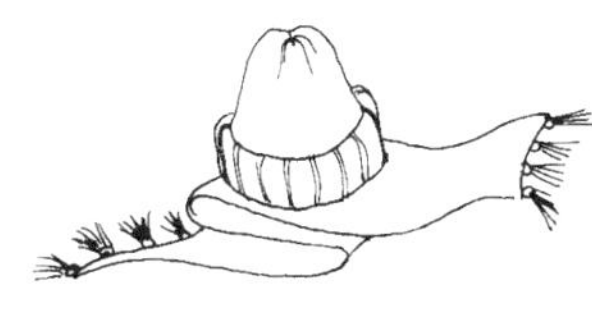

ATTENZIONE! ALCUNE PAROLE SI SCRIVONO CON **SCIE**.
COMPLETA LE FRASI CON QUESTE PAROLE:
USCIERE, SCIENZA, SCIENZIATO, SCIENTIFICO, FANTASCIENZA, COSCIENZA, COSCIENTE, INCOSCIENTE.

1) Che ......................... sono stato! Dovevo pensarci prima.
2) Ho moltissimi libri di ................ e di ......................................
3) Quello ..................... inventava delle formule davvero strane!
4) Mio fratello frequenta il quinto liceo .....................
5) Non ho nulla da temere: la mia ................... è pulita.
6) Sono .................. dei miei limiti.
7) L'..............indicò all'uomo l'ufficio.

# SUONI DIFFICILI

COMPLETA LE PAROLE.

SBR o SPR?

.......igare

.......emuta

......ecare

........iciolare

........inare

a......o

SCR o SGR?

....icchiolare

....ivere

....igno

....idare

....anocchiare

.....ivania

SDR o STR?

.......ano

co........uire

........aio

na.........o

cane.........o

........aiarsi

IL QUADRATO *STR*ANO!

TROVA LE PAROLE NASCOSTE CON *STR* E SCRIVILE A FIANCO (SONO 9).
POSSONO ESSERE SCRITTE IN ORIZZONTALE ⟶ VERTICALE ↓ E OBLIQUO ↗ ↘
(SONO RAPPRESENTATE NEI DISEGNI SOTTO).

| | | | | | | | | |
|---|---|---|---|---|---|---|---|---|
| S | T | R | U | M | E | N | T | I |
| T | I | M | A | E | S | T | R | A |
| R | D | N | | S | | | G | S |
| A | E | | I | | T | I | | T |
| N | S | | | S | O | R | | R |
| I | T | N | A | S | T | R | O | A |
| E | R | | T | | | R | | D |
| R | A | R | | | | | A | A |
| O | A | S | T | R | U | Z | Z | O |

# SUONI DIFFICILI

SUPER-CRUCIVERBA

Si trasforma in farfalla.

I "capelli" del cavallo.

Animale con solo una gobba.

Frutto rosso che rima con "miagola".

Contrario di piccolo.

Il "naso" dell'elefante.

Contrario di nervoso.

Si fanno quando si spezza il pane.

Vi esce la lava del vulcano.

Animale fantastico che sputa fuoco.

Contrario di caldo.

Pioggia sotto forma di ghiaccio.

Periodo antico.

Attrezzo per fare buchi.

Contrario di bello.

La si fa dopo la Comunione.

Serve per spedire la cartolina.

Si staccano dalla vite.

Passato, futuro e…

Corre sulle rotaie.

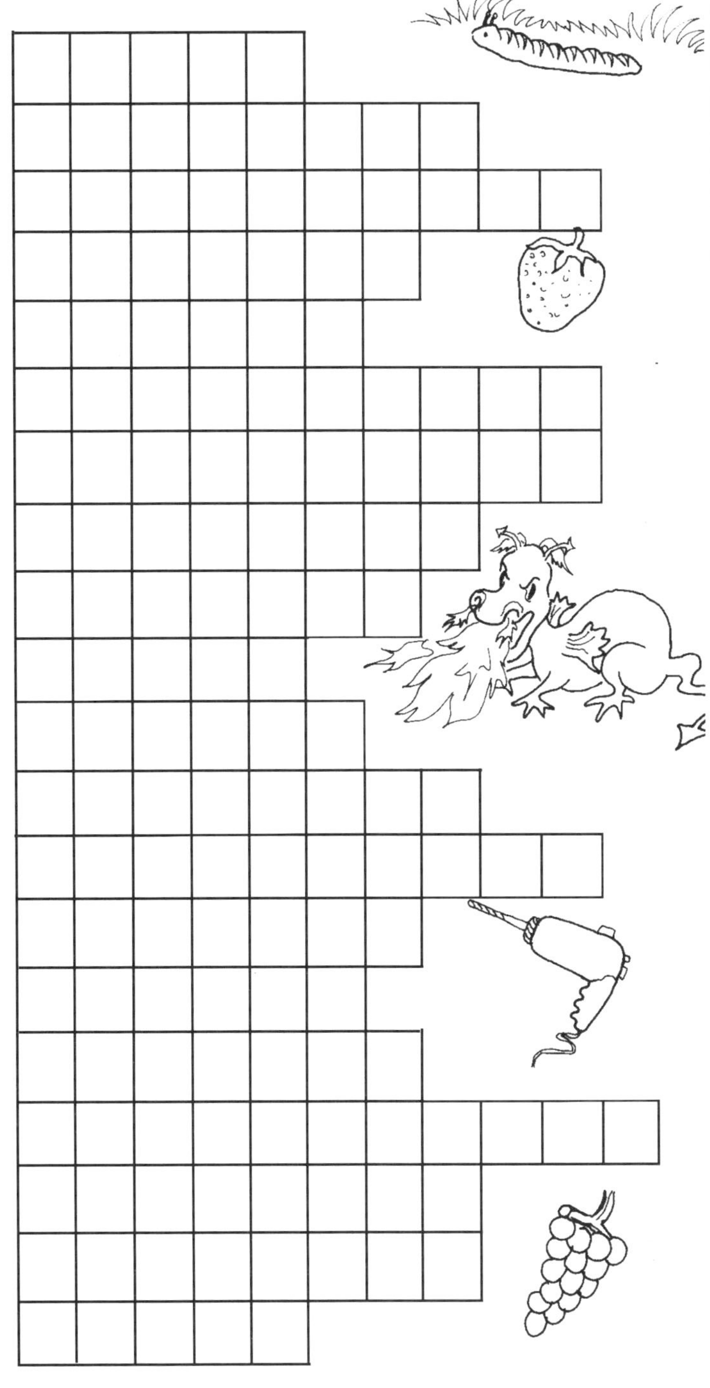

COMPLETA LE PAROLE DELLE FRASI CON **BR-CR-DR-FR-GR-PR-TR.**

Ho fatto un ….indisi con dei bicchieri di ….istallo.

Il ….estigiatore conosceva dei ….ucchi in….edibili.

Il ….itto misto di pesce era ….occante e molto gustoso.

Al ….amonto si sentiva sem….e più forte il canto dei …illi.

Dal ….oghiere ho com…ato del pepe ….osso da macinare.

Il mio ….iceto s….anocchia volentieri i ….issini.

# L'ACCENTO

NELLE FILASTROCCHE METTI L'ACCENTO DOVE OCCORRE.

*La pigrizia ando al mercato*
*ed un cavolo compro.*
*Mezzogiorno era suonato*
*quando a casa ritorno.*
*Mise l'acqua, accese il fuoco,*
*si sedette, riposo,*
*ed intanto, a poco a poco,*
*anche il sole tramonto.*
*Cosi, persa ormai la lena,*
*sola, al buio, ella resto,*
*e a letto senza cena*
*la meschina se ne ando.*

*Da R. Zanoni, Il grande libro delle filastrocche*

*Per colpa di un accento*
*un tale di Santhià*
*credeva di essere arrivato*
*ed era appena a meta.*
*Per analogo errore*
*un contadino di Rho*
*tentava invano di cogliere*
*le pere da un pero.*
*Non parliamo del dolore*
*di un signore di Corfù*
*quando, senza piu accento,*
*il suo cucu non canto piu.*

*G. Rodari*

NELLE FRASI AGGIUNGI L'ACCENTO DOVE OCCORRE.

1) Perche giovedi non ti sei fatto piu vedere?
2) Quando arrivero a casa ti telefonero, percio non ti preoccupare.
3) Mio papa dopo pranzo beve sempre il caffe.
4) Il panorama che si gode da lassu e davvero unico.
5) Giungero in citta per le tre del pomeriggio: ci sara anche Sara?
6) Il leone, il re della foresta, ruggi e cosi la gazzella scappo veloce.
7) Giu in cantina c'e uno scaffale pieno di bottiglie pregiate.
8) Che felicita: Andrea e gia arrivato!
9) Quel sentiero si puo fare, pero stai molto attento!

SCRIVI DELLE FRASI PER CIASCUNA COPPIA DI PAROLE.
OSSERVA IL CAMBIAMENTO DI SIGNIFICATO.

Porto-portò | pero-però | faro-farò | casco-cascò
amo-amò | Papa-papà | Sara-sarà | remo-remò
meta-metà | sali-salì | resto-restò | pianto-piantò

# L'ACCENTO

Di solito i monosillabi (blu, tre, do, fa, tu, ma, me, mi,...) non vogliono l'accento; solo ciò, giù, già, può, più si scrivono con l'accento. Alcuni monosillabi vogliono l'accento per non essere confusi con i loro gemelli che hanno un altro significato.

COMPLETA LE FRASI.

**E/È**
Il cane ..... uscito dalla sua cuccia ...... si ..... addormentato sul prato.
Mia sorella ........ andata in Spagna .... mi ha portato una bellissima maglietta.

**DI/DÌ**
Il libro ..... Lucia ha la copertina rossa e blu.
Il ....... della festa arrivò: tutta la gente si riunì nella piazza del paese.

**TE/TÈ**
Preferisci il ..... o il caffè?
Ho una sorpresa per ...., ma ..... la dico domani.

**NE/NÉ**
Andrea non è ..... grasso ...... magro.
Non .....voglio sapere, ...... ci voglio pensare.
Non hai visto ..... Luca .... Sandro: .... sei proprio sicuro?

**LA/LÀ**
Sto andando di ....: vado a prendere ....frutta.
....prego di credermi: ho sentito un rumore ... in fondo.

**LI/LÌ**
Eccoli .....! Sono arrivati finalmente!
.....conosci quelli ....?

**SI/SÌ**
Quando gli dissi di ..... lui ..... avvicinò e mi abbracciò.
Marco non .... mosse e non disse né..... né no.

**SE/SÉ**
.... vuoi possiamo partire domani.
Franco era fuori di ....... dalla rabbia.
.... proprio vuole fare da .... lasciamolo stare.

ALCUNE PAROLE SI SCRIVONO CON L'APOSTROFO PERCHÉ DERIVANO DA PAROLE PIÙ LUNGHE CHE SONO STATE TRONCATE. COMPLETA LE FRASI.

POCO → PO'
DICI → DI'
FAI → FA'
DAI → DA'
STAI → STA'

.... attenzione: mi raccomando.
Giulia .... il gioco a tuo fratello!
Passami un .... di pane per favore.
Sei silenzioso: .... qualcosa ti prego.
.... attento: lancio il pallone!

# LE SILLABE

RICORDA.

- Le consonanti doppie si separano: gi/raf/fa
- I gruppi CQ-MP-MB si dividono: ac/qua im/pe/ro im/bu/to
- La vocale iniziale di parola, seguita da consonante e una vocale, fa sillaba a sé: I/ta/lia
- I gruppi BR CR DR FR GR PR TR ST SF STR SPR SC GN GL QU CIE GIE non si dividono mai: scon/tro fra/go/la fa/scia

Ogni parola in base al numero di sillabe può essere:

- MONOSILLABA (1 sillaba): tre
- BISILLABA (2 sillabe): pa/ne
- TRISILLABA (3 sillabe): for/mi/ca
- QUADRISILLABA (4 sillabe): sca/li/na/ta
- PLURISILLABA (più di 4 sillabe): ar/co/ba/le/no

DIVIDI LE PAROLE IN SILLABE E RISCRIVILE SOTTO. SOTTOLINEA COL ROSSO LE MONOSILLABE, COL VERDE LE BISILLABE, COL BLU LE TRISILLABE, COL GIALLO LE QUADRISILLABE, COL VIOLA LE PLURISILLABE.

| | | | |
|---|---|---|---|
| QUANDO | COCCODRILLO | IMPROVVISAMENTE | RE |
| ______ | ______ | ______ | ______ |
| BLU | ISOLA | ELEFANTE | UNO |
| ______ | ______ | ______ | ______ |
| AGGIUNGERE | ODORE | ALIANTE | BRIVIDI |
| ______ | ______ | ______ | ______ |
| MICROFONO | SPREMUTA | MOSCHETTIERE | COSCIENZA |
| ______ | ______ | ______ | ______ |
| TAMBURELLO | ACQUITRINO | SCI | GNOMO |
| ______ | ______ | ______ | ______ |
| ACQUASANTIERA | ACQUEDOTTO | QUADRIFOGLIO | SCOGLIO |
| ______ | ______ | ______ | ______ |
| AQUILA | CILIEGIE | ARANCE | MONTAGNA |
| ______ | ______ | ______ | ______ |
| SUPERFICIALE | IGIENIZZANTE | DIECI | TRE |
| ______ | ______ | ______ | ______ |

# CRUCIVERBA SILLABICI

ORIZZONTALI
2. 18+11=…
5. La mangia il coniglio.
7. Era avvelenata quella di Biancaneve.
8. Si indossa d'inverno sopra la camicia.
10. Erano 7 quelli di Biancaneve.
12. Va allo stadio per sostenere la propria squadra.
14. Dall'albero si ricava il …
15. Insieme alle consonanti formano l'alfabeto.

VERTICALI
1. Imbarcazione.
2. Lo si usa per farsi vento.
3. Può essere comune o proprio.
4. Le barche possono essere a motore o a…
6. Gli abitanti di Roma.
9. Contrario di positivo.
10. Lo si festeggia il 25 dicembre.
11. La parte centrale della mela.
13. Vive al Polo Nord.

| 1 | | 2 | | 3 | 4 |
|---|---|---|---|---|---|
| 5 | 6 | | | 7 | |
| | 8 | | 9 | | |
| 10 | | | | | 11 |
| | | | 12 | 13 | |
| 14 | | | 15 | | |

OSSERVA IL NUMERO DI SILLABE ED INSERISCI I NOMI DEGLI ANIMALI.

INSERISCI I NOMI DELLA FRUTTA E DELLA VERDURA.

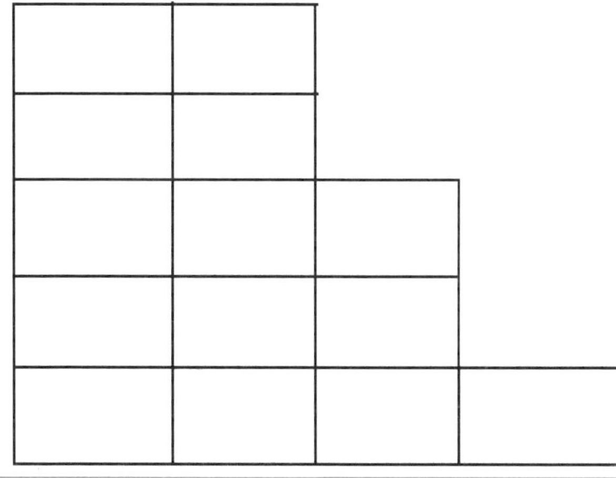

# IL PUNTO

Il punto serve per concludere una frase. Al punto ci si ferma un attimo, si prende fiato e si ricomincia una nuova frase. Se poi dopo il punto si va a capo allora la pausa deve essere ancora più lunga. Il punto corrisponde al segnale di **stop** o al semaforo rosso. Bisogna fermarsi.

INSERISCI I PUNTI IN QUESTO BRANO. POI CONFRONTALO CON QUELLO SOTTO.

Colei che usava un tono così poco gentile si chiamava Mafalda, aveva diciotto anni, era tonda di faccia e di fianchi e portava sul viso un'espressione arrogante stava sgridando Fatim, la sua ragazza di servizio, che cercava di chiuderle la lampo del vestito Fatim era una giovane africana, di forse 17 anni, con delle graziose treccine scure che le ornavano il viso ovale, bellissimo due di queste, talora, le scendevano sugli occhi e lei le scostava con un piccolo scatto della testa.

Colei che usava un tono così poco gentile si chiamava Mafalda, aveva diciotto anni, era tonda di faccia e di fianchi e portava sul viso un'espressione arrogante.
Stava sgridando Fatim, la sua ragazza di servizio, che cercava di chiuderle la lampo del vestito.
Fatim era una giovane africana, di forse 17 anni, con delle graziose treccine scure che le ornavano il viso ovale, bellissimo. Due di queste, talora, le scendevano sugli occhi e lei le scostava con un piccolo scatto della testa.

da "Fatim, Cenerentola nel 2000" di L. Taffarel, Ed Tredieci

ORA DIVIDI QUESTE FRASI CON UN PUNTO.

La zia Manuela è andata in città quando è tornata a casa aveva il portabagagli pieno di pacchi con dei regali per noi.

La mamma di Luisa ci ha portato a fare un giro in automobile appena tornate a casa ci siamo mangiate una bella fetta di torta.

Francesco Totti ha stoppato il pallone con il destro e lo ha passato sul sinistro ha fatto tre dribbling fulminei e poi ha tirato in porta il portiere non si è neanche mosso.

# LA VIRGOLA

La virgola indica una pausa breve, un respiro veloce senza fermare la frase. Si usa :
1- quando si fa un elenco di cose;
2- quando si introduce una frase che potrebbe anche essere tolta senza che il discorso perda di significato;
3- quando la frase è troppo lunga e c'è bisogno di un breve respiro.

PONI LE VIRGOLE DOVE TI PARE OPPORTUNO, POI CONFRONTA CON IL BRANO SOTTO.

In quel momento sopraggiunse dal bagno dove stava terminando il trucco Carlotta la gemella di Mafalda una copia spiaccicata della stessa. Carlotta seguiva in tutto e per tutto la sorella sembrava vivere della sua stessa aria ripeteva le sue parole faceva tutto quello che lei voleva.
Si precipitò verso Mafalda per aiutarla ma in quel momento la ragazzona con uno sforzo disperato riuscì ad inspirare una possente boccata d'aria.

*In quel momento sopraggiunse dal bagno, dove stava terminando il trucco, Carlotta, la gemella di Mafalda, una copia spiaccicata della stessa. Carlotta seguiva in tutto e per tutto la sorella, sembrava vivere della sua stessa aria, ripeteva le sue parole, faceva tutto quello che lei voleva.*
*Si precipitò verso Mafalda per aiutarla, ma, in quel momento, la ragazzona con uno sforzo disperato riuscì ad inspirare una possente boccata d'aria.*

da "Fatim, Cenerentola nel 2000" di L. Taffarel, Ed Tredieci

INSERISCI LE VIRGOLE AL POSTO GIUSTO.
(Elenco)
- Marina racconta alla mamma degli animali che ha visto allo zoo; c'erano: tre leoni due giraffe un elefante cinque ippopotami un rinoceronte sei scimmiette e una decina di zebre.
- Giulio guardò bene in mezzo al campo e contò: undici giocatori della luve undici giocatori dell'Inter un arbitro un guardialinee. Mancava qualcuno ma chi?

(Frase che si può anche togliere)
- La mamma dopo aver finito di pulire la cucina si sedette sul divano e guardò la televisione con suo marito e i suoi tre figli.
- Il babbo cominciò a cantare ma quando giunse alla nota più alta gli mancò la voce e dalla sua gola uscì solo un urlo strozzato.
- Le due ragazze corsero affiancate per un bel po' finché quando già il traguardo sembrava raggiunto Mara con uno scatto superò l'avversaria.

# PUNTO ESCLAMATIVO E INTERROGATIVO

Il punto interrogativo (?) si usa quando si fa una domanda.

Il punto esclamativo (!) si usa quando si fa un'esclamazione che può essere: di gioia, di sorpresa, di paura oppure quando si dà un comando.

Dopo il punto interrogativo ed esclamativo si mette la lettera maiuscola.

METTI AL POSTO DEI PUNTINI IL PUNTO ESCLAMATIVO (!) OPPURE IL PUNTO INTERROGATIVO (?).

- Ti ho detto cento volte di non mangiare i cioccolatini ...
- Soldati, tutti sull'attenti che passa il generale...
- Hai comperato il pane e le focaccine...
- Quando vai a fare la passeggiata...
- Che bel tramonto...
- Domani arrivano i nonni, evviva...
- Non ho mai visto dei fuochi artificiali così belli....
- Mamma, posso andare al cinema con Sonia...
- Attento... Attento... Sta rompendosi un ramo...
- Avanti... Muovetevi... Quanto ci mettete a uscire dall'aula...

IN QUESTO RACCONTINO DOVE TROVI IL RIQUADRO CI VANNO DEI PUNTI ESCLAMATIVI O INTERROGATIVI. COMPLETA.

Quando Gigino arrivò a casa da scuola la mamma spalancò gli occhi come se avesse visto un fantasma. Poi domandò:- Ma dove sei stato ☐ Cosa hai fatto ☐

Gigino tremava dalla paura; poi esclamò:- Sono caduto in una pozzanghera ☐

Non è colpa mia, è colpa della bici ☐

Solo allora la mamma vide la bici appoggiata ad un albero.

Era talmente infangata che quasi non si distinguevano le parti metalliche.

- Ma quali pozzanghere ☐ Che strada hai fatto ☐ - chiese la mamma spazientita.

E subito aggiunse:- Ma se c'è tutta strada asfaltata da casa a scuola ☐

- È vero, ma io volevo provare l'emozione dei campi e così ho tagliato per il sentiero di campagna.

- Ma se è appena piovuto ☐ C'è fango dappertutto ☐ - esclamò la mamma.

- Io l'ho scoperto già da un pezzo ☐ - si difese Gigino - Sono stato bravo ☐

La mamma lo guardò infuriata:- Via a farti un bagno ☐ E a pulire la bicicletta ☐

Gigino corse via come un razzo. In fondo gli era andata bene ☐

Quando mai i grandi capiscono i problemi dei piccoli ☐

# I DUE PUNTI

I due punti (:) si usano prima di un elenco (di oggetti, di persone, animali, lavori o altro ancora). Naturalmente, come hai già imparato, quando fai un elenco dividi le varie parti con le virgole.
Es. Lucia va in cartoleria e compera: un quaderno, una penna, una matita, un rotolo di nastro adesivo, due copertine trasparenti.
Dopo i due punti NON ci va la lettera maiuscola.

IN QUESTE FRASI SCRIVI SUI RIQUADRI (IN GROSSETTO CON UN COLORE), I DUE PUNTI, LA VIRGOLA O IL PUNTO. POI INDOVINA.

La nonna ha chiesto alla nipotina di comprare ☐ biscotti ☐ zucchero ☐ lievito ☐ burro ☐ marsala ☐ uova ☐
Cosa voleva fare la nonna? ..........................................

La mamma ha dato a Luigi questo elenco di cose da preparare ☐ un paio di calzettoni di lana ☐ scarponi resistenti ☐ maglione pesante ☐ giacca a vento ☐ berretto ☐ biancheria ☐
Dove andava Luigi? ..........................................

Prima di partire il papà e la mamma misero nel portabagagli questi oggetti ☐ due paia di pinne ☐ due boccagli ☐ due asciugamani ☐ un ombrellone ☐ una borsa contenente costumi ☐ alcuni capi di biancheria ☐
Dove andavano mamma e papà? ........................

Il giudice chiede alla persona di dirgli assolutamente tutto ☐ dove si trovava ☐ con chi era ☐ cosa ha fatto ☐ chi ha visto ☐ che ore erano ☐
Chi era la persona? ..........................................

La maestra raccomandò agli alunni di portare a scuola ☐ matita ☐ colori a tempera ☐ un grembiule vecchio per protezione ☐ pennelli ☐ una spugnetta ☐
Quale attività era prevista? ..........................................

# IL DISCORSO DIRETTO

I due punti servono anche a introdurre il discorso diretto, cioè proprio le parole pronunciate da una persona.
In questo caso si usano anche le virgolette « » oppure una linea - .

OSSERVA I FUMETTI E POI COMPLETA LE RICHIESTE.

Un marinaio grida:« ..................
..............................................
.............................................!»

Il capitano ordina alla ciurma:« ...
..............................................
...............................!»

La ragazza dice:« ..................
..............................................
.............................................!»

Il ragazzo sussurra:« ...............
..............................................
...............................!»

Il comandante dice:« ..................
..............................................
.............................................!»

Un passeggero mormora:
« ........................................
..............................................
...............................!»

# IL DISCORSO DIRETTO

LEGGI LE FRASI POI COMPLETA I FUMETTI.

La nonna esclama:«Devo fare un dolcetto prelibato!»

La nipotina Deborah commenta: «Non vedo l'ora di assaggiarlo!»

Cenerentola esclama:« È mezzanotte! Devo andare!»

Il principe insiste:«Fermati ancora un po', la festa è tutta per te!»

Il vigile raccomanda:«Bisogna mettersi il casco, anche col motorino!»

Il motociclista risponde:«Ha ragione signor vigile, mi scusi!»

Il ballerino chiede:«Signorina, vorrebbe ballare con me?»

La ballerina risponde:«Certo, con molto piacere!»

# IL DISCORSO INDIRETTO

Ci sono due modi per riferire le parole pronunciate da una persona:

- Nel DISCORSO DIRETTO si citano proprio le parole esatte che vengono poste tra virgolette oppure in una nuvoletta del fumetto.

Es. *La mamma ha chiesto alla figlia:«Vai a comperare il pane per favore?»*

- Nel DISCORSO INDIRETTO invece si dice il senso del discorso, senza citare proprio le parole pronunciate dal protagonista.

Es. *La mamma ha chiesto alla figlia se per favore va a comperare il pane.*

TRASFORMA QUESTE FRASI DAL DISCORSO INDIRETTO AL DIRETTO.

Il leone dice alla zebra di scostarsi e di lasciarlo passare, altrimenti la mangerà.

________________________________________

________________________________________

La maestra raccomanda agli alunni di svolgere con impegno le lezioni per casa.

________________________________________

________________________________________

L'allenatore chiede al giocatore di riserva se se la sente di entrare in campo e di segnare il gol della vittoria.

________________________________________

________________________________________

Il dottore esorta il bambino un po' troppo grasso a mangiare un po' meno e soprattutto cibi genuini.

________________________________________

________________________________________

# IL DISCORSO DIRETTO E INDIRETTO

TRASFORMA QUESTE FRASI DAL DISCORSO DIRETTO ALL'INDIRETTO.

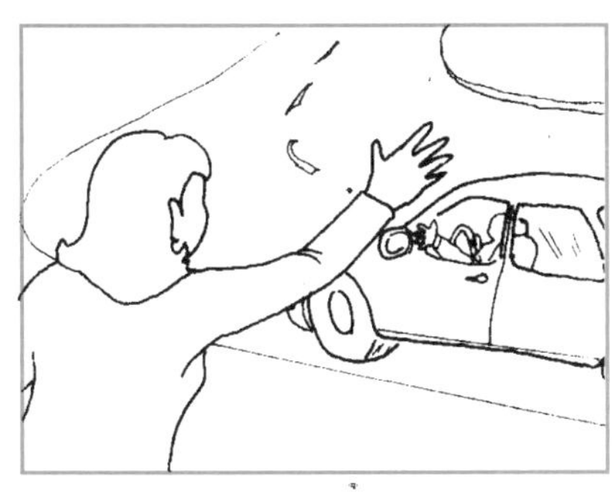

La mamma raccomanda al papà che sta partendo: «Vai piano per la strada, succedono tanti incidenti!»

La formica dice alle sue formichine: «Attente, il prato è pieno di pericoli! Qualcuno potrebbe calpestarvi!»

L'elefante raccomanda all'elefantino: «Prima di immergere la proboscide nell'acqua guarda attentamente che non ci sia il coccodrillo!»

Il padrone del circo consiglia il suo nuovo domatore: « Controlla che i leoni siano ben sazi prima di entrare nella gabbia!»

Il caposquadra esorta gli operai: «Dateci sotto che entro sera il lavoro sarà finito e poi andremo tutti in ferie!»

# RENDERE VARIO IL DISCORSO DIRETTO

Il discorso diretto però non si trova sempre così schematizzato come, per semplicità, lo abbiamo proposto fino ad ora. Spesso le frasi pronunciate dai personaggi sono spezzate in due o più parti. A volte si comincia col discorso diretto per specificare poi chi sta parlando.

SOTTOLINEA COL ROSSO LE PAROLE DETTE DAI PERSONAGGI (DISCORSO DIRETTO). SCRIVI SE SONO ALL'**INIZIO** , ALLA **FINE** DELLA FRASE, PARTE ALL'INIZIO E PARTE ALLA FINE (**DIVISE**).

Il papà disse al figlio:«Vieni che ti mostro come funziona il mio computer»............

«Vieni a fare un giro con me?» chiese la mamma alla sua figliola.....................

«Vieni a vedere» disse la maestra all'alunna «ti mostro un bel libro». ........................

«Non verrò mai con te in quella grotta» disse la mamma al papà «io ho paura dei ragni, dei topi e delle biscie»........................

«Dove stai andando?» disse il lupo a Cappuccetto Rosso «Se vuoi vengo anch'io con te, ti farò compagnia» .............................

L'astronauta urlò dentro il microfono della radio:«Aiuto, vedo un corpo strano venire verso la mia astronave, si schianterà contro di me!»....................

«Quando finirai i compiti ti porterò al cinema» disse la mamma al suo bambino che svogliatamente rigirava la matita tra le dita.....................

IN QUESTO BRANETTO CI SONO TUTTI E TRE I CASI PRESENTATI SOPRA.
SOTTOLINEA CON IL ROSSO LE PAROLE DI FATIM, COL GIALLO QUELLE DI AZZURRA.

Fatim era contenta, perché finalmente era rimasta sola con Azzurra.
«Vieni?» cinguettò Azzurra allegramente. «Abbiamo finito di leggere Pinocchio e la maestra mi ha dato un altro libro nuovo. Si intitola CENERENTOLA».
«Certo, andiamo!» esclamò Fatim.
Si recarono nella sala e Azzurra aprì il libro.
«Leggiamo un po' ciascuno» disse Azzurra «oramai sei brava anche tu».
«Va bene», rispose Fatim.
Fatim spalancò il libro e cominciò a leggere:«C'era una volta una ragazza molto bella ma sfortunata...».

L. Taffarel, *Fatim, Cenerentola nel 2000*, ed Tredieci.

# I NOMI: TANTI TIPI DI NOMI

Per nominare ciò che vedi intorno usi delle parole: i **nomi.** I nomi possono indicare **persone**, **animali** o **cose** (cioè tutto il resto). Possono essere **comuni** se indicano qualcosa in generale o **propri** se indicano "proprio" questa persona, animale, cosa.

CLASSIFICA I SEGUENTI NOMI NELLE CATEGORIE SOTTO INDICATE.

cane Bobi gatto Muci bambino Luigi Andrea casa grattacielo libro Giulia nazione Italia città Milano mare Adriatico leone Simba via Cavour computer scimmia camaleonte orso cantante Mina Fiorello presentatore Pippo presidente Ciampi Francesca signora principessa Brunilde falegname Giovanni muratore Angelo calciatore Totti attore Muccino attrice Cucinotta atleta Rosolino corridore Rossi fiume Po senatore regista Pieraccioni editore Mondadori lago Garda elefante Dumbo Fido

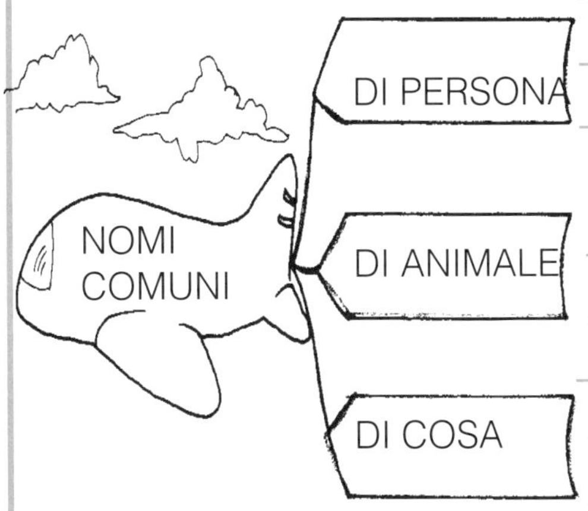

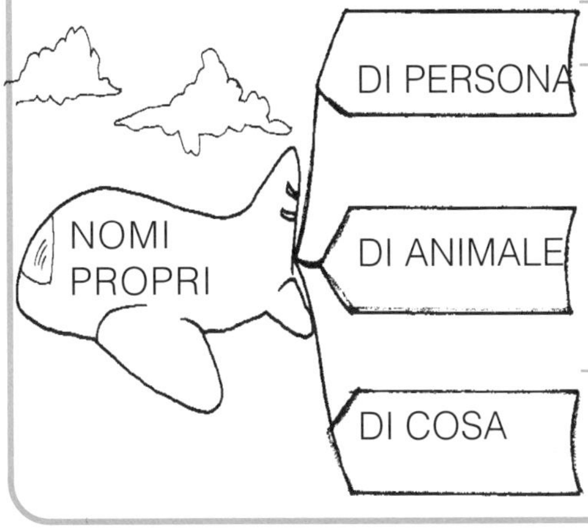

NOMI COMUNI

DI PERSONA ______________________

DI ANIMALE ______________________

DI COSA ______________________

NOMI PROPRI

DI PERSONA ______________________

DI ANIMALE ______________________

DI COSA ______________________

# I NOMI: MASCHILI E FEMMINILI - SINGOLARI E PLURALI

I NOMI AL MASCHILE DI SOLITO FINISCONO CON "O " (GATTO), AL FEMMINILE FINISCONO IN "A" (GATTA). MA NON SEMPRE. QUI TI PROPONIAMO SOPRATTUTTO CASI UN PO' STRANI. VOLGI AL FEMMINILE, MA CON ATTENZIONE.

| | | | |
|---|---|---|---|
| gatto | .................. | attore | .................. |
| cavallo | .................. | elefante | .................. |
| bambino | .................. | leone | .................. |
| zio | .................. | fratello | .................. |
| nonno | .................. | nipote | .................. |
| uomo | .................. | direttore | .................. |
| papà | .................. | maestro | .................. |
| gallo | .................. | avvocato | .................. |
| cane | .................. | cantante | .................. |
| bambino | .................. | batterista | .................. |
| re | .................. | esploratore | .................. |
| imperatore | .................. | scalatore | .................. |

FARE IL PLURALE DEI NOMI È FACILE, MA ATTENTO AD ALCUNI NOMI INSIDIOSI CHE FINISCONO IN CIA E GIA. FAI IL PLURALE.

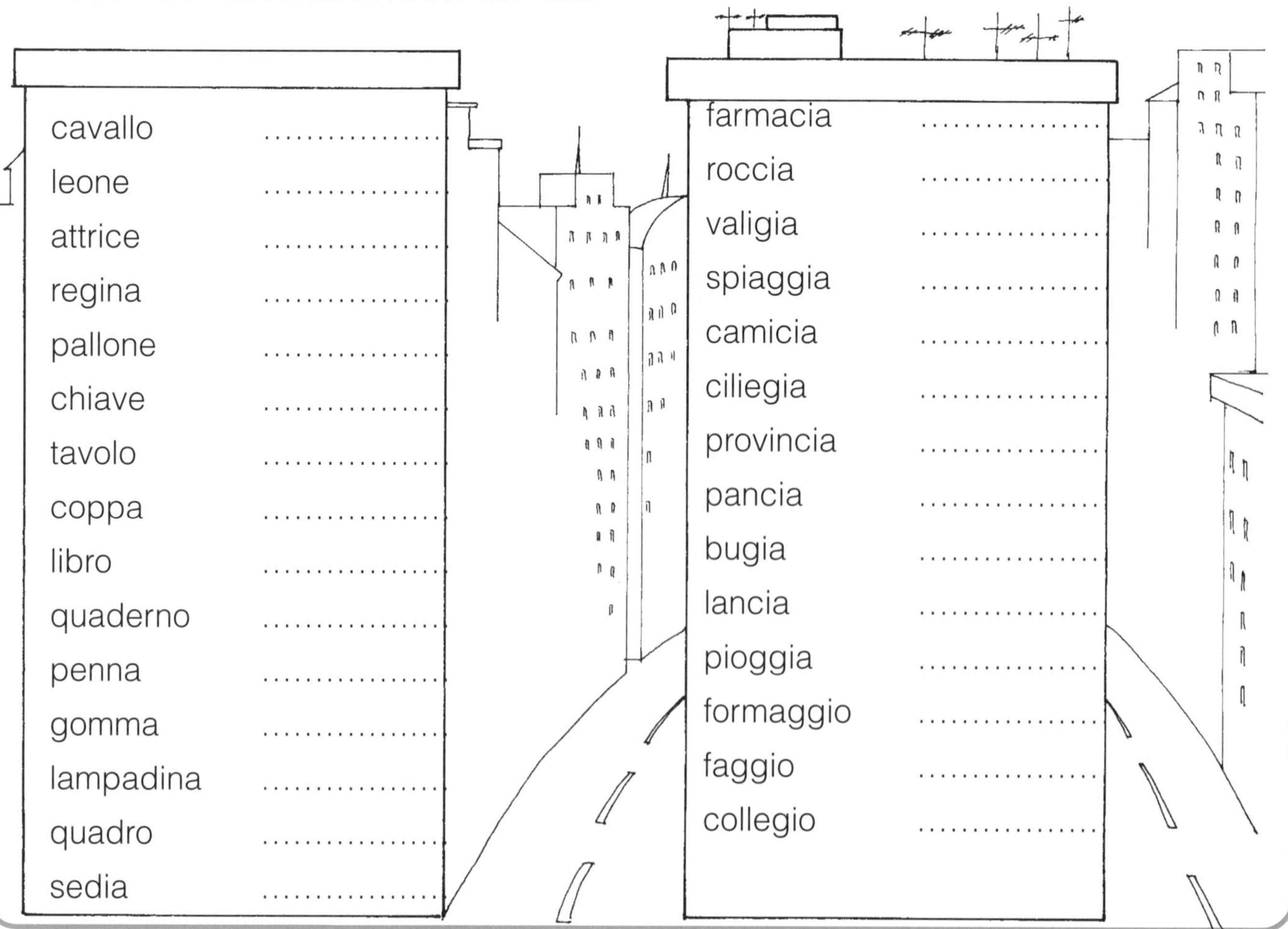

| | | | |
|---|---|---|---|
| cavallo | .................. | farmacia | .................. |
| leone | .................. | roccia | .................. |
| attrice | .................. | valigia | .................. |
| regina | .................. | spiaggia | .................. |
| pallone | .................. | camicia | .................. |
| chiave | .................. | ciliegia | .................. |
| tavolo | .................. | provincia | .................. |
| coppa | .................. | pancia | .................. |
| libro | .................. | bugia | .................. |
| quaderno | .................. | lancia | .................. |
| penna | .................. | pioggia | .................. |
| gomma | .................. | formaggio | .................. |
| lampadina | .................. | faggio | .................. |
| quadro | .................. | collegio | .................. |
| sedia | .................. | | |

# NOMI COLLETTIVI E COMPOSTI

I NOMI COLLETTIVI INDICANO, CON UNA SOLA PAROLA, TANTE PERSONE, OGGETTI, ANIMALI. SOTTOLINEA TRA LE ALTERNATIVE QUELLA ESATTA.

NOME COLLETTIVO — È UN INSIEME DI ....................

**Stormo** → è un insieme di... aerei - cani - persone

**flotta** → è un insieme di... pecore - navi - stelle

**coro** → è un insieme di... montagne - nuvole - cantanti

**bosco** → è un insieme di... alberi - bambini - cani

**gregge** → è un insieme di... gatti - pecore - fiori

**arcipelago** → è un insieme di... case - isole - mari

**esercito** → è un insieme di... soldati - navi - cavalli

**sciame** → è un insieme di... uccelli - api - case.

ORA COMPLETA TU.

**Alfabeto** → è un insieme di................................

**mese** → è un insieme di................................

**scolaresca** → è un insieme di................................

**popolo** → è un insieme di................................

**mandria** → è un insieme di................................

**squadra** → è un insieme di................................

I NOMI COMPOSTI SONO FORMATI DA DUE PAROLE MESSE L'UNA ACCANTO ALL'ALTRA. COLLEGA LE PARTI DELLE DUE COLONNE E FORMA LA PAROLA COMPOSTA.

| | | |
|---|---|---|
| SALVA | PANNI → | BATTIPANNI |
| PIANO | CANE → | ______________ |
| PESCE | GENTE → | ______________ |
| CAPO | STAZIONE → | ______________ |
| ARCO | FULMINI → | ______________ |
| BATTI | LEGNA → | ______________ |
| PARA | MANO → | ______________ |
| TAGLIA | SCIENZA → | FANTASCIENZA |
| ASCIUGA | BALENO → | ______________ |
| FANTA | FORTE → | ______________ |

# PRIMITIVI - DERIVATI - ALTERATI

ALCUNI NOMI, DETTI PRIMITIVI, CREANO DELLE FAMIGLIE DI NOMI CHE DERIVANO DA ESSI. AD ES. DAL NOME PRIMITIVO PESCE DERIVANO: PESCATORE, PESCHERIA, PESCIVENDOLO... COLLEGA I NOMI DERIVATI AI PRIMITIVI.

OCCHIO
FRUTTO
LIBRO
FIORE
MURO
ACQUA

FRUTTETO
FRUTTIVENDOLO
LIBRAIO
ACQUITRINO
FIORISTA
OCCHIALI
CASA
LIBRERIA
FIORAIA
OCCHIAIA
MURAGLIA
MURATORE
ACQUARIO

Alcuni nomi, in certe situazioni, vengono modificati, cioè alterati. E allora un **libro** (primitivo) può diventare libricino (diminutivo), oppure un simpatico libretto (vezzeggiativo), o ancora un librone (accrescitivo) o peggio di tutto un libraccio (dispregiativo).

SCRIVI VICINO AD OGNI NOME GLI ALTERATI.

| PRIMITIVO | DIMINUTIVO O VEZZEGGIATIVO | ACCRESCITIVO | DISPREGIATIVO |
|---|---|---|---|
| cane | | | |
| gatto | | | |
| occhiali | | | |
| casa | | | |
| barca | | | |
| penna | | | |
| palazzo | | | |
| scarpa | | | |
| borsa | | | |
| giornale | | | |
| naso | | | |

# ARTICOLI

LA MAPPA DELL'ARTICOLO.

ARTICOLI → DETERMINATIVI

| | SINGOLARE | PLURALE |
|---|---|---|
| MASCHILE | il lo l'→(lo) | i gli |
| FEMMINILE | la l'→(la) | le |

ARTICOLI → INDETERMINATIVI

| | SINGOLARE |
|---|---|
| MASCHILE | un uno |
| FEMMINILE | una un'→ (una) |

COMPLETA LA LEGGENDA INSERENDO GLI ARTICOLI MANCANTI.

**La leggenda dell'abete**

Si avvicinava ......inverno. ........ uccellino che aveva ....... ala spezzata non sapeva dove rifugiarsi. Si portò faticosamente fino al bosco.

....... primo albero che incontrò fu ....... betulla dal manto d'argento.

- Graziosa betulla - implorò ......... uccellino - vuoi lasciarmi vivere tra ......... tue fronde fino alla buona stagione?

- Ne ho già abbastanza a custodire ......... mie foglie. Vattene! - rispose ....... betulla.

........ uccellino volò con ......... sua ala ferita, finché arrivò a ........ bianco salice.

- Bel salice, mi ricevi sui tuoi lunghi rami durante ........ inverno?

- No davvero! Io non alloggio mai ........ sconosciuti.

.......... povero piccolo non sapeva più a chi rivolgersi. Lo vide allora ......... abete e gli disse:

- Vieni qui da me!

Una notte ........ vento del nord venne a giocare nella foresta. Soffiò forte e ........ foglie toccate caddero a terra.

- Posso divertirmi con tutti ........ alberi? - domandò a suo padre, ......... re dei venti.

- No - rispose il re. - Quelli che sono stati buoni con ........ piccoli uccelli possono conservare ....... loro foglie.

Così ........ vento del nord dovette lasciare tranquillo .......abete, che conservò ......... sue foglie tutto l'inverno.

# ....... ANCORA ARTICOLI

COLORA SOLO LE CASELLE CONTENENTI PAROLE CHE DEVONO ESSERE PRECEDUTE DA UN' .

| ASTRONAVE | FANTASMA | ODORE | COMPUTER |
|---|---|---|---|
| UNGHIA | INFERMIERE | NEGOZIO | INIEZIONE |
| IMPERO | ESPLOSIONE | ARTIGLIO | ALBA |
| URLO | ALLENAMENTO | ORCHIDEA | OSTERIA |

COMPLETA ORA LA REGOLA: l'articolo UNA si apostrofa davanti ai nomi ...........................

che iniziano per .............................. .

LO — UNO

COLORA SOLTANTO I FIORI CHE CONTENGONO PAROLE DAVANTI ALLE QUALI SI USANO LO E UNO.

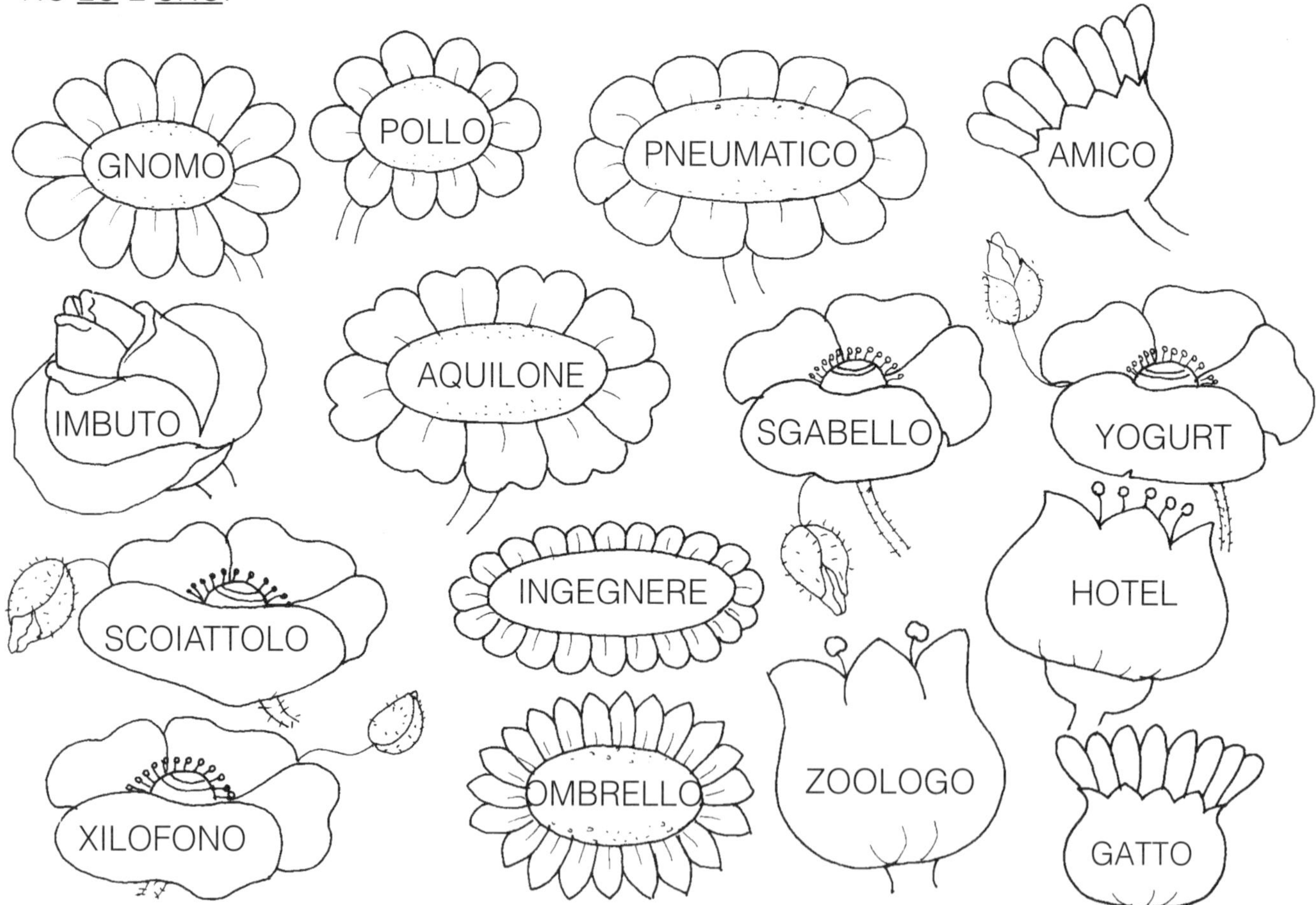


RICORDA: Gli articoli LO e UNO si usano con i nomi che iniziano con la lettera S seguita da consonante, con le lettere Z , X , Y e con i gruppi PN, PS.

# AGGETTIVI

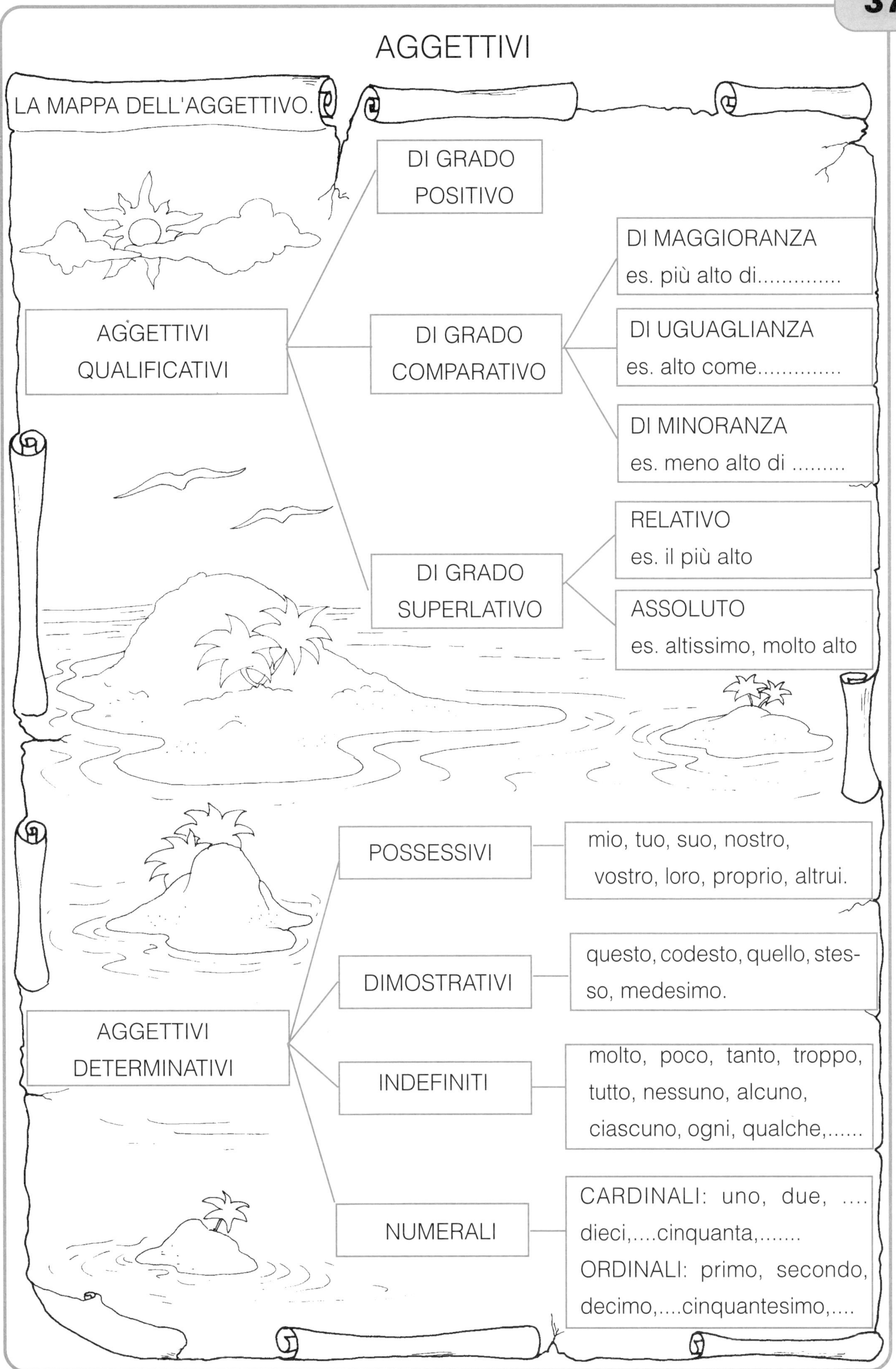
LA MAPPA DELL'AGGETTIVO.
AGGETTIVI QUALIFICATIVI
DI GRADO POSITIVO
DI GRADO COMPARATIVO
DI MAGGIORANZA
es. più alto di.............
DI UGUAGLIANZA
es. alto come.............
DI MINORANZA
es. meno alto di .........
DI GRADO SUPERLATIVO
RELATIVO
es. il più alto
ASSOLUTO
es. altissimo, molto alto
AGGETTIVI DETERMINATIVI
POSSESSIVI
mio, tuo, suo, nostro, vostro, loro, proprio, altrui.
DIMOSTRATIVI
questo, codesto, quello, stesso, medesimo.
INDEFINITI
molto, poco, tanto, troppo, tutto, nessuno, alcuno, ciascuno, ogni, qualche,......
NUMERALI
CARDINALI: uno, due, .... dieci,....cinquanta,.......
ORDINALI: primo, secondo, decimo,....cinquantesimo,....

# AGGETTIVI QUALIFICATIVI

SOTTOLINEA GLI AGGETTIVI QUALIFICATIVI.

L'aspetto di Momo era davvero insolito e forse poteva anche allarmare quelle persone che danno molta importanza all'ordine e alla pulizia. Era piccola e magrolina, di modo che, anche con la migliore buona volontà, non si poteva decidere se avesse otto oppure dieci anni. Aveva una testa selvaggia, ricciuta, nera come la pece, palesemente mai sfiorata da pettini o forbici. Aveva grandi, vividi, meravigliosi occhi del pari neri come la pece e i piedi dello stesso colore perché andava quasi sempre scalza... La sottana, che le arrivava alle caviglie, era un complesso di toppe variopinte di tessuti d'ogni genere. E sopra la gonna portava una vecchia giacca maschile lunga e larga, con le maniche di molto rimboccate ai polsi.

M. Ende, *Momo.*

CANCELLA L'AGGETTIVO INTRUSO IN OGNI SACCHETTO. METTENDO INSIEME LE LETTERE INIZIALI DELLE PAROLE ELIMINATE, POTRAI LEGGERE IL NOME DI UNA FAMOSA CITTÀ D'ARTE ITALIANA.

COLLEGA GLI AGGETTIVI SINONIMI. DIPINGI CON LO STESSO COLORE I RIQUADRI.

| | |
|---|---|
| RAPIDO | SGUALCITO |
| ROVINATO | GUSTOSO |
| TESTARDO | VELOCE |
| APPETITOSO | COCCIUTO |
| OSPITALE | SOFFICE |
| MORBIDO | CONOSCIUTO |
| FAMOSO | ACCOGLIENTE |

# CANTA L'AGGETTIVO

SOTTOLINEA GLI AGGETTIVI CHE INCONTRI NEI RITORNELLI DELLE CANZONI.

C'era una volta una gatta
che aveva una macchia nera sul muso
e una vecchia soffitta vicino al mare
con una finestra
a un passo dal cielo blu.

Acqua azzurra, acqua chiara
con le mani posso finalmente bere.
Nei tuoi occhi innocenti
posso ancora ritrovare
il profumo di un amore puro
puro come il tuo amor.

Lo sai che i papaveri
son alti, alti, alti
e tu sei piccolina
e tu sei piccolina.
Lo sai che i papaveri
son alti, alti, alti
sei nata Paperina
che cosa ci vuoi far?

La nuvola nera piangeva, piangeva.
La nuvola bianca col sole giocava:
sui rami di un pino
passava leggera
lei sorrideva alla nuvola nera.

SOTTOLINEA GLI AGGETTIVI NELLA POESIA.

RIO BO

Tre casettine
dai tetti *aguzzi*
un verde praticello
un *esiguo* ruscello: Rio Bo,
un vigile cipresso.
Microscopico paese, è vero,
paese da nulla, ma però...
c'è sempre di sopra una stella,
una grande magnifica stella,
che *a un dipresso*
*occhieggia* con la punta del cipresso
di Rio Bo.
Una stella innamorata!
Chi sa
se nemmeno ce l'ha
una grande città.

Aldo Palazzeschi

Aguzzi = a punta
Esiguo = piccolo
A un dipresso = all'incirca
Occhieggia = brilla

# AGGETTIVI

COLORA LA CASELLA CON L'AGGETTIVO CHE TI SEMBRA PIÙ ADEGUATO A COMPLETARE IL TESTO. POI RICOPIA LA DESCRIZIONE NEL TUO QUADERNO.

Dire che Fatim era una | BELLA | LISCIA | ragazza

significava farle un torto. Era di più, molto di più.

Aveva un corpo ben | AFFOLLATO | PROPORZIONATO, |

né | RUVIDO | GRASSO |, né | MAGRO | SBADATO. |

Ed un viso | BELLISSIMO | LUSSUOSO. |

Gli occhi erano una magia: due perle | FACILI | NERE |

che nuotavano dentro due laghi

| GUSTOSI | CANDIDI |, | PEPATI | TRASPARENTI. |

Il naso era | PICCOLO | COSTOSO | e la bocca

| ALTA | CARNOSA; | la pelle | LISCIA | INCOLLATA |

sembrava di velluto.

E il sorriso! Quando il suo volto si apriva

al sorriso sembrava che la luce emanasse

da lei e si spandesse tutto intorno.

Gli occhi le si illuminavano, le labbra compivano

un arco che circondava i denti

| ISPIDI | PERFETTI |, | BIANCHISSIMI | SUCCULENTI |

che risaltavano sulla pelle | BIONDA | SCURA | di lei.

Lorenzo Taffarel, *Fatim,Cenerentola nel Duemila*, Tredieci

COMPLETA LA CARTA D'IDENTITÀ DI CIASCUN AGGETTIVO.

Morbido = agg. qualif. di grado positivo masch. sing.

Molto forte = ______________________________

quella = ______________________________

pochi = ______________________________

terze = ______________________________

# COMPARATIVI E SUPERLATIVI... DA BRIVIDO

RICORDA: PIÙ GRANDE DI, PIÙ PICCOLO DI = COMPARATIVO DI MAGGIOR. DI MINOR.
GRANDISSIMO, PICCOLISSIMO = SUPERLATIVO ASSOLUTO.
IL PIÙ GRANDE, IL PIÙ PICCOLO = SUPERLATIVO RELATIVO.

SOTTOLINEA IN BLU I COMPARATIVI E IN ROSSO I SUPERLATIVI.

Non era un essere umano. Non poteva esserlo. Era quattro volte più grande del più grande degli uomini. Così grande che la sua testa sovrastava le finestre del primo piano. In qualche modo si trattava di un individuo. Non di un essere umano; ma proprio di un individuo. Di un individuo grandissimo, meglio, di un individuo gigantesco.

Il gigante - se lo era - portava una lunga pelandra nera come la pece. In una mano teneva un oggetto che a prima vista sembrava una tromba molto lunga e sottilissima. Nell'altra mano reggeva una valigia molto vecchia e pesantissima. Nella luce lunare Sofia intravide, in una frazione di secondo, la faccia più ripugnante che si ricordasse di aver mai visto, pallidissima e più rugosa della pelle di un elefante in pensione. La misura delle orecchie era superiore a quella del naso, affilato come una lama di coltello e sopra brillavano due occhi scurissimi, più feroci di quelli di un drago, che ora fissavano proprio Sofia. Quello sguardo fisso rese il suo corpo rigido come ghiaccio.

Un'enorme mano dalle dita lunghissime strisciò come un serpente sul davanzale. La seguiva un braccio spesso come un tronco d'albero.

Correndo, il mantello nero si dispiegava all'indietro più largo delle ali di un uccellaccio. Ogni sua falcata era lunga come un campo da tennis.

Le sue orecchie, davvero smisurate, erano grandi come ruote di un camion e sembravano potersi muovere e girare a loro piacimento. Con esse poteva sentire tutti i segreti mormorii dell'universo.

(riadattam. da Roald Dahl, *GGG*, Salani)

## COMPARATIVI E SUPERLATIVI...DA QUIZ !

SOTTOLINEA IN BLU I COMPARATIVI E IN ROSSO I SUPERLATIVI;
POI SEGNA CON UNA CROCETTA LA RISPOSTA ESATTA.

- Qual è il fiume più lungo che attraversa l'Italia?

☐ L' Adige ☐ Il Tevere ☐ Il Po

- La Lombardia è più o meno estesa della Campania?

☐ Più estesa ☐ Meno estesa

- L'altezza del monte Cervino è inferiore o superiore a quella del Monte Bianco?

☐ Inferiore ☐ Superiore

# AGGETTIVI POSSESSIVI E DIMOSTRATIVI

AGG. POSSESSIVI: MIO, TUO, SUO, NOSTRO, VOSTRO, LORO.
AGG. DIMOSTRATIVI: QUESTO, CODESTO, QUELLO.

IN OGNI FRASE SOTTOLINEA GLI AGGETTIVI POSSESSIVI IN VERDE E QUELLI DIMOSTRATIVI IN ARANCIONE. POI RISPONDI ALLE DOMANDE TRA PARENTESI.

- Questa mattina ho incontrato il *mio* vicino a passeggio con il *suo* cane ( mio ⟶di chi? = di me; suo ⟶di chi?= del vicino) .
- L'insegnante ha chiamato gli alunni e ha raccolto i *loro* quaderni. ( loro ⟶di chi?.........................) .
- Marco ha preso quelle penne dall'astuccio di *suo* fratello. ( suo ⟶ di chi?.....................) .
- I nostri amici hanno collaborato alla realizzazione di quello splendido spettacolo. ( nostri ⟶ di chi?..................).

COMPLETA LE FRASI CON UN NOME ADATTO CHE SI ACCOMPAGNI ALL'AGGETTIVO POSSESSIVO O A QUELLO DIMOSTRATIVO.

- Nel frigorifero ci sono queste ........................ : puoi preparare la frittata, che è il mio ..............................preferito?
- Il mio gatto fa le fusa quando gli lancio quella .......................... .
- Ieri sera il papà ha indossato questa.......................... e quei ............................. per uscire a cena con alcuni suoi .............................
- Il postino del mio.............................. consegna la posta ogni giorno.

TRASFORMAZIONI DAL SINGOLARE AL PLURALE.

| | |
|---|---|
| - Quella storia è stata scritta dal mio autore preferito. | - |
| - | - Queste ballerine preparano con cura loro (propri) spettacoli. |
| - | - Nelle mie borse non mancano mai i fazzoletti e queste utilissime forbicine. |
| - Quella imbarcazione si sta avvicinando alla nostra costa. | - |

# AGGETTIVI INDEFINITI E NUMERALI

AGGETTIVI INDEFINITI: TANTI, POCHI, MOLTO, TUTTI, PARECCHI, .........
AGGETTIVI NUMERALI: CARDINALI = UNO, DUE, TRE, QUATTRO, CINQUE .........
ORDINALI = PRIMO, SECONDO, TERZO, QUARTO .........

SOTTOLINEA GLI AGGETTIVI INDEFINITI E NUMERALI.

- Nel cestino ci sono tante pere, ma soltanto tre sono mature.
- Paolo ha partecipato a parecchie gare ciclistiche: questa è la sua quarta vittoria.
- La mia classe è formata da trenta alunni: tutti i maschietti e solo alcune bambine giocano a calcio durante l'intervallo.
- Non ho mai visto nessuna persona mangiarsi dieci paste come hai fatto tu in occasione del tuo diciottesimo compleanno!
- Ai grandi magazzini la mamma ha acquistato due paia di calze, alcune confezioni di cioccolatini, qualche rossetto e cinque bottiglie di vino di prima qualità.
- Ho visto una grande mandria di cavalli: molti cavalli avevano il pelo marrone, poi c'erano parecchi puledri col pelo nero e solo pochi cavallini avevano una stella sul muso.
- In quel cesto c'erano parecchie mele, poche pere e molte arance.
- In campo c'erano dieci giocatori; il primo ad allontanarsi fu il portiere.

TROVA GLI AGGETTIVI E FAI L'ANALISI NEL QUADERNO.

<u>CUORE DI DRAGO</u>

Tanto tempo fa, in una foresta magica, girovagava un bambino.

Appena dopo aver attraversato un ponte, il bambino sentì che il suo collo si stava allungando, le sue gambe e le sue braccia diventavano lunghissime, le gracili mandibole sputavano fuoco e fumo: era diventato un drago.

Iniziò a marciare verso la città tra molti alberi. Saltando il fiume con un balzo, arrivò in città: bruciò alcuni edifici e molte abitazioni e distrusse persino due alte torri.

Poi, triste e sconsolato per ciò che aveva fatto, si ritirò in quella foresta incantata. Si avvicinò ad uno zampillo d'acqua per bere e continuò poi a bagnare il suo corpo ancora sudato e furioso. In quel momento una sottile polverina cominciò a scivolare dalla sua ruvida pelle e, pian piano, tornò ad essere un bambino.

Era stata un'avventura incredibile: anche se per poco tempo, era stato un drago vero!

# ENUNCIATI.... A SPICCHI!

METTI IN ORDINE I SINTAGMI IN MODO DA FORMARE DEGLI ENUNCIATI.
SCRIVILI SOTTO.

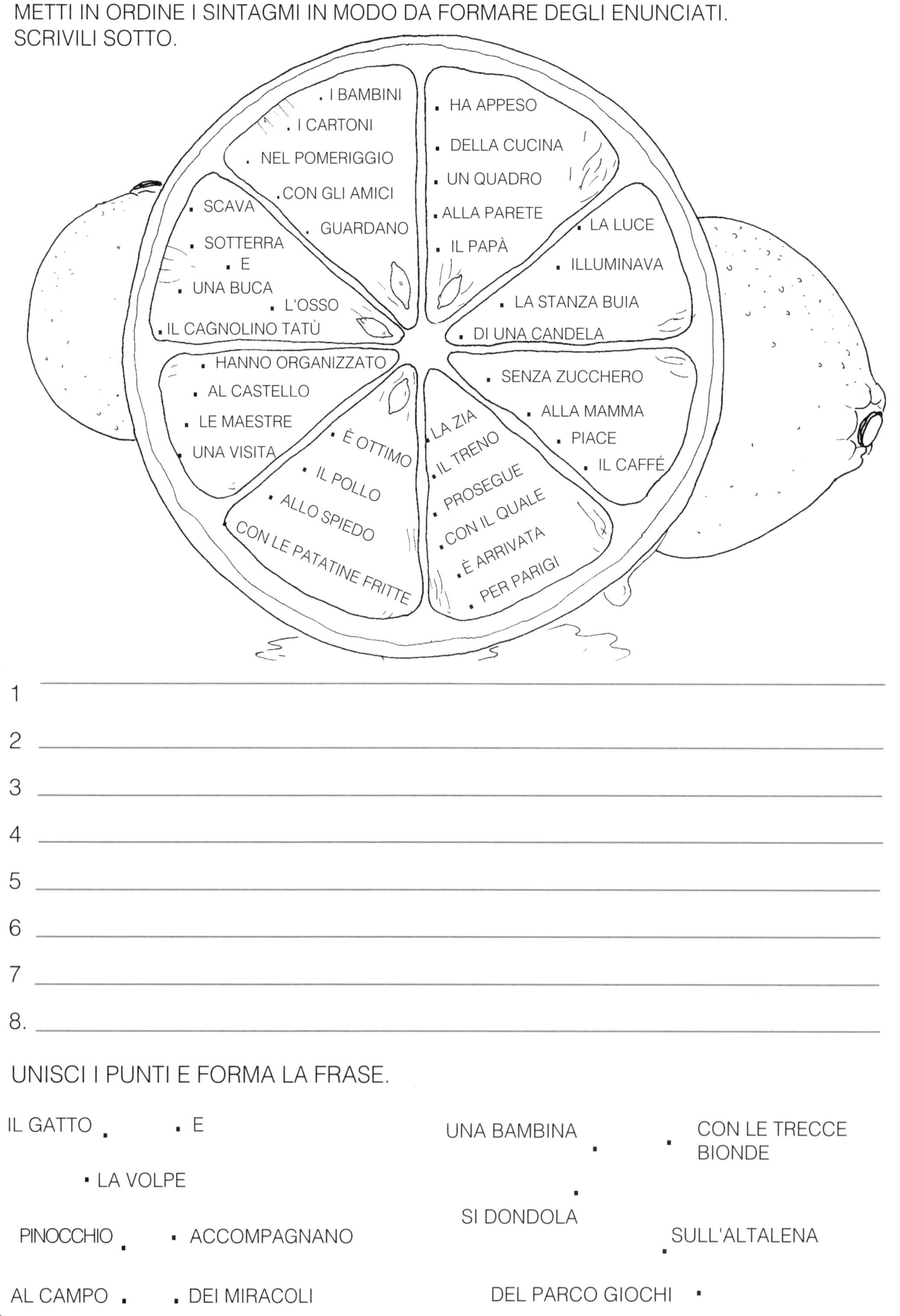


1 ______________________________________

2 ______________________________________

3 ______________________________________

4 ______________________________________

5 ______________________________________

6 ______________________________________

7 ______________________________________

8. ______________________________________

UNISCI I PUNTI E FORMA LA FRASE.

IL GATTO . . E

. LA VOLPE

PINOCCHIO . . ACCOMPAGNANO

AL CAMPO . . DEI MIRACOLI

UNA BAMBINA . . CON LE TRECCE BIONDE

. SI DONDOLA

. SULL'ALTALENA

DEL PARCO GIOCHI .

# L'ENUNCIATO MINIMO

LE FRASI SONO DIVISE IN SINTAGMI. COLORA SOLO I RETTANGOLI CHE FORMANO UN ENUNCIATO MINIMO ( SOGGETTO + PREDICATO).

**Pimpa e... la mela volante**

Pimpa | fa | colazione.

Pimpa | beve | due tazze | di latte.

Pimpa | corre | sul prato.

Una farfalla | fa | una gara | con lei.

Dopo | un'ora | di corsa | Pimpa | è stanca.

Pimpa | si stende | sull'erba | sotto | un albero.

Pimpa | si addormenta | contenta.

Una mela | è appesa | a un ramo | dell'albero | sopra | la Pimpa.

All'improvviso | la mela | cade | sulla testa | di Pimpa.

Pimpa | si arrampica | su un ramo.

Pimpa | vede | una mela | con due ali.

(liberamente adattato da Altan, *Pimpa e ...... la mela volante*, Franco Panini Ragazzi)

COLORA DI ROSSO I SOGGETTI E DI BLU I PREDICATI; POI UNISCI CON UNA FRECCIA UN SOGGETTO ED UN PREDICATO IN MODO DA FORMARE ENUNCIATI MINIMI DI SENSO COMPIUTO.

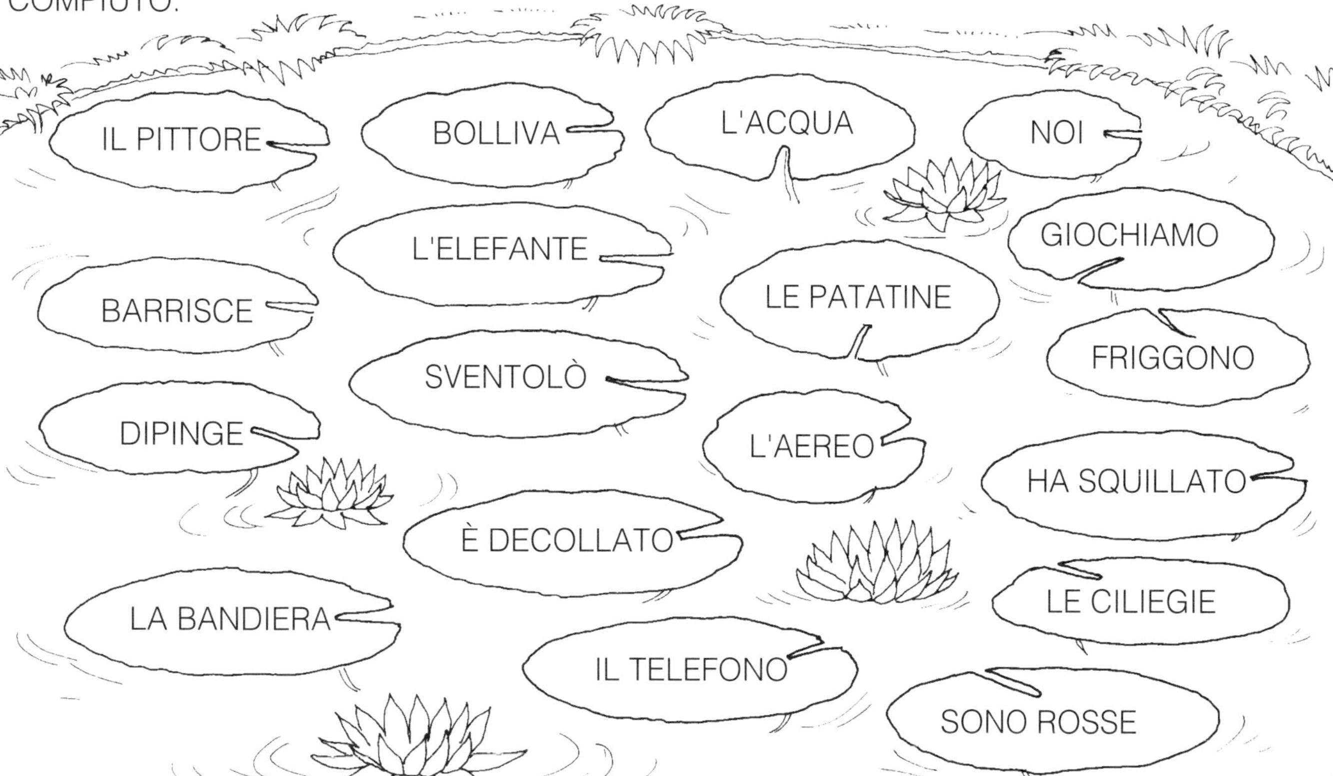

# ATTENZIONE AL SOGGETTO!

NELLE SEGUENTI FRASI SOTTOLINEA IN ROSSO IL SOGGETTO. METTENDO INSIEME LE LETTERE INIZIALI DI CIASCUN SOGGETTO, SCOPRIRAI IL NOME DI UN FAMOSISSIMO INVENTORE.

- Nella foresta ruggisce il feroce leone affamato.
- Un sano esercizio fisico quotidiano è consigliato a tutti.
- Dalla spremitura delle olive si ottiene un olio denso e profumato.
- Il nonno di Michele ha comperato un paio di scarpe di cuoio.
- In forno si sta cucinando uno squisito arrosto di vitello.
- In primavera la rana depone le uova in grossi mucchi.
- Desenzano è il nome di una località lombarda, famosa per il lago.
- Ieri è stato abbattuto un vecchio olmo.

SOTTOLINEA I SOGGETTI E SCRIVI SUI PUNTINI IL SOGGETTO MANCANTE O SOTTINTESO.

## Una grossa bugia

Un giorno una coccinella raccontò una storia ai suoi amici: - Mio padre è il temuto re dell'orto! - disse (..............................) .

Le cose narrate furono molto convincenti e tutti divennero con lei rispettosi e riverenti.

(..................................) era ormai convinta di averla fatta franca.

Ma al bosco tornò la cavolaia (farfalla) bianca.

(............................) parlò con gli amici dei luoghi visitati e a loro svelò: - Negli orti i re non ci sono mai stati!

La coccinella, ormai scoperta, decise di lasciare il bosco in fretta. Ma i suoi preparativi non sfuggirono agli animali!

(.................................) organizzarono una sorpresa senza uguali.

La coccinella arrivò al limitar del bosco. Un bianco lenzuolo bloccava la strada.

"Le bugie han le gambe corte!" si leggeva. E subito dopo c'era scritto: "Se ( ........... ) rimani ( ............ ) siam contenti , ma (............) non scordare la lezione!"

( riadatt. da A. Buzzat R. Musumeci, *Il bosco racconta*, Tredieci)

# TROVA I PREDICATI

NEL SEGUENTE RACCONTO SOTTOLINEA I PREDICATI.

Era il tramonto di una giornata di marzo dell'anno 1162.

Due cavalieri che apparivano spossati quanto i loro cavalli, percorrevano i sentieri della foresta di Sherwood della contea di Nottingham. Era l'epoca in cui regnava Enrico II Plantageneto.

La nebbia scendeva sulla foresta. Il freddo era intenso e un vento, che diventava sempre più impetuoso, annunciava prossima la tempesta.

- Ritson - disse ad un tratto uno dei cavalieri. - Il vento aumenta. Non ci sorprenderà la bufera? Siete certo di non aver sbagliato la strada?

- State tranquillo, Milord. In un'ora arriveremo.

Continuarono in silenzio. Ma ecco la casa. La vedete laggiù?

Discesero da cavallo dinanzi alla porta di un'abitazione modesta sperduta nel bosco.

- Gilberto! Gilberto Head!- chiamò Ritson festosamente. - Apri. Non senti chi c'è? Sono io, Rolando. Sono il fratello di Margherita.

Si udì il ringhiare di un cane. La porta si aprì e i due cavalieri entrarono.

( A. Dumas, *Robin Hood* )

**ATTENZIONE AL PREDICATO: VERBALE O NOMINALE?**

LE FRASI SONO DIVISE IN SINTAGMI: INDIVIDUA IL PREDICATO E COLORA DI BLU IL MATTONE CON IL PREDICATO VERBALE ( PV) E DI ROSSO QUELLO CON IL PREDICATO NOMINALE (PN).

| MATTIA | ORGANIZZÒ | UNA FESTA. | ERA MOLTO FELICE! | | | |
|---|---|---|---|---|---|---|
| IL SECCHIELLO | È PIENO | DI ACQUA | E | SOFIA | CHIUDE | IL RUBINETTO. |
| NEL BOSCO | I FIORI | SONO PROFUMATI | E | CRESCONO | ALBERI RIGOGLIOSI. | |
| IL CUOCO | HA PREPARATO | UNA TORTA | CON I PINOLI: | È SQUISITA! | | |
| GIULIO | È PARTITO. | ARRIVERÀ | A MOSCA | DOMANI. | | |

# LE ESPANSIONI O COMPLEMENTI

**LA FRASE SI ALLUNGA........**

LEGGI CON ATTENZIONE LE FRASI E SCRIVI SUI PUNTINI A QUALE DOMANDA RISPONDE IL SINTAGMA SOTTOLINEATO.

- Sopra la tavola c'è un piatto fumante di pasta al pomodoro.

(.....DOVE?.......) (.DI CHE COSA?.)

- A Venezia i vaporetti percorrono il Canal Grande.

(...................?) (......................?)

- La banda comunale ha suonato alla festa del paese.

(................?) (................?)

- Ieri sera per addormentarmi ho contato le pecorelle.

(................?) (...............?)

- Il pittore dipinge i quadri con il pennello.

(................?) (...................?)

COMPLETA IL PALLINO SEGUENDO LA LEGENDA: S = SOGGETTO

PV = PREDICATO VERBALE PN = PREDICATO NOMINALE

CO = COMPLEMENTO OGGETTO C.I = COMPLEMENTI INDIRETTI.

Beatrice e il suo cagnolino / fanno / colazione.

Bingo / beve / due ciotole / di latte.

Bingo / accompagna / a scuola / la padroncina.

Il tempo / passa / a gran velocità.

Suona / la campanella.

Beatrice / torna / a casa / con l'autobus.

Bingo / accoglie / la piccola / con una leccatina.

# ESPANSIONI DIRETTE E INDIRETTE

COMPLETA LA TABELLA, METTENDO LE CROCETTE AL POSTO GIUSTO.

| | S | PV | CO | PN | C. DI SPECIF. | C. DI TERM. | C. DI MODO | C. DI MEZZO | C. DI LUOGO | C. DI TEMPO | C. DI COMPAGNIA |
|---|---|---|---|---|---|---|---|---|---|---|---|
| Durante una corsa | | | | | | | | | | | |
| al parco | | | | | | | | | | | |
| ho incontrato | | | | | | | | | | | |
| dei bambini | | | | | | | | | | | |
| con le mamme. | | | | | | | | | | | |

| | S | PV | CO | PN | C. DI SPECIF. | C. DI TERM. | C. DI MODO | C. DI MEZZO | C. DI LUOGO | C. DI TEMPO | C. DI COMPAGNIA |
|---|---|---|---|---|---|---|---|---|---|---|---|
| Nelle giornate | | | | | | | | | | | |
| di settembre | | | | | | | | | | | |
| il cielo | | | | | | | | | | | |
| in montagna | | | | | | | | | | | |
| è limpido. | | | | | | | | | | | |

COLORA SOLO LA CASELLA GIUSTA.

| | | | |
|---|---|---|---|
| Pierino | c. oggetto | s | |
| si attacca | pv | c.oggetto | |
| saldamente | c. di modo | c. di mezzo | |
| al ramo | c. di specif. | c. di termine | |
| di un albero. | c. di specif. | pv | |

| | | | |
|---|---|---|---|
| Un signore | c. oggetto | s | |
| raggiunge | s | pv | |
| comodamente | c. di modo | pn | |
| il posto | c. di luogo | c. oggetto | |
| di lavoro | c. di specificaz. | c. di termine | c. di tempo |
| in aereo. | c. di compagnia | c. di mezzo | |

# PREPOSIZIONI SEMPLICI E ARTICOLATE

PER OGNI PREPOSIZIONE SEMPLICE SCRIVI UNA FRASE CHE LA CONTENGA E SOTTOLINEALA.

DI - Il giorno di Natale io pranzo insieme ai miei genitori e parenti.

A - ..................................................

DA - ..................................................

IN - ..................................................

CON - ..................................................

SU - ..................................................

PER - ..................................................

TRA - ..................................................

FRA - ..................................................

LE PREPOSIZIONI ARTICOLATE SONO FORMATE DALL'UNIONE DI UNA PREPOSIZIONE SEMPLICE E DI UN ARTICOLO. TI FACCIO IL PRIMO ESEMPIO, TU COMPLETA GLI ALTRI. PER OGNUNO SCRIVI UNA FRASE.

DI +
- Il = DEL — Io amo i fiori del prato.
- LO = DELLO ..................................................
- LA = DELLA ..................................................
- I = DEI ..................................................
- GLI = DEGLI ..................................................
- LE = DELLE ..................................................

A +
- Il = AL ..................................................
- LO = ALLO ..................................................
- LA = ...... ..................................................
- I = ...... ..................................................
- GLI = ...... ..................................................
- LE = ...... ..................................................

IN +
- Il = NEL ..................................................
- LO = NELLO ..................................................
- LA = ...... ..................................................
- I = ...... ..................................................
- GLI = ...... ..................................................
- LE = ...... ..................................................

Attenzione: la preposizione "con" unita agli articoli, diviene "con il, con lo, con la, con i, con gli, con le". Allo stesso modo si comportano "per, tra, fra".

# PRONOMI

Claudio racconta alla maestra.

"Maestra, Claudio questa mattina si è svegliato alle sette, Claudio si è lavato, Claudio si è messo le scarpe, e poi Claudio si è avviato verso la scuola".

"Ma chi è Claudio?" chiede la maestra.

"Claudio sono io" risponde Claudio.

"E allora perché parli di te come se fossi un altro e ripeti sempre il tuo nome?" chiede la maestra. "Vieni che ti insegno a usare i pronomi".

COME DEVE ESPRIMERSI CLAUDIO? COMPLETA.

"Maestra, questa mattina **mi** sono svegliato alle sette, poi **mi** sono lavato .................

..........................................................................................................

I PRONOMI SERVONO A NON RIPETERE I NOMI E RENDERE LE FRASI PIÙ SCORREVOLI.
SCRIVI NEI PUNTINI I SEGUENTI PRONOMI PERSONALI:
SINGOLARI : **MI, TI, LA, LO, LE, ME, GLI.**
PLURALI: **CI, LI, VI, LE, LORO, ESSE, ESSI.**

- Ieri ......sono dimenticato di comperare il quaderno.
- Io e Sonia stavamo giocando a palla quando la nonna ...... ha chiamato.
- Lucia è venuta a trovarmi ed io ...... ho offerto le caramelle.
- Ho visto Luca e ...... ho chiesto come sta suo padre.
- Ho raccolto un bel grappolo d'uva e ...... lo sono mangiato.
- Sono andato a cercare i miei compagni e ...... ho trovati ai giardini.
- Uscite subito di lì, ...... ho visto, è inutile che ...... nascondiate!
- Ho incontrato due ragazzi poveri e ho dato ......... una monetina da un euro.
- La mamma è andata dalla nonna e ...... ha chiesto un po' di sale.
- Voi stavate scappando, ma noi ...... abbiamo preso!
- Abbiamo trovato due palline e abbiamo cominciato a giocare con ......... .
- Marco e Ilenia ci hanno chiesto se domani andiamo a fare le lezioni con ............ .
- Se non avete mai mangiato di questi pasticcini non potete immaginare quanto ...... siano delicati.
- Giulia e Marta si fanno sempre i fatti ......... e non giocano con nessuno.
- Ho incontrato Alessandro del Piero e ...... ho chiesto di giocare a pallone con me.
- Ale ha tolto un panino dalla cartella e se ...... è mangiato con gusto.
- Se nella foresta incontro un leone, ...... faccio scappare solo guardandolo!
- Sto cercando i miei colori, ...... hai visti?
- Quando vedo delle belle mele non resisto e ...... le mangio.

# COMPLETA I VERBI ALL'INDICATIVO

PRESENTE
Io canto
tu ...........
egli ...........
......... cantiamo
......... cantate
essi ...........

PASS. PROSSIMO
Io ho cantato
tu .................
egli ..............
......abbiamo cant.
......avete ...............
essi ..................

IMPERFETTO
Io cantavo
tu ...........
egli ...........
.........cantavamo
.........cantavate
essi ...........

TRAP. PROSSIMO
Io avevo cantato
tu ....................
egli ................
...... avevamo cant.
...... avevate cant.
essi ..................

PASSATO REMOTO
Io cantai
tu cantasti
egli ...........
......... cantammo
......... cantaste
essi ...........

TRAPAS. REMOTO
Io ebbi cantato
tu avesti cantato
egli ..................
...... avemmo.........
...... aveste ..........
essi .................

FUTURO SEMPLICE
Io canterò
tu ...........
egli ...........
......... canteremo
.........canterete
essi ..............

FUTURO ANTERIORE
Io avrò cantato
tu avrai cantato
egli ....................
..........................
..........................
essi ....................

PRESENTE
Io scrivo
tu scrivi
egli ..............
....................
....................
essi ...............

PASS. PROSSIMO
Io ho scritto
tu .................
egli ..............
......abbiamo......
...... avete.........
essi ...........

IMPERFETTO
Io scrivevo
tu ...........
egli ...........
.......................
.......................
essi ...............

TRAP. PROSSIMO
Io avevo scritto
tu ....................
egli ................
.......................
..........................
essi ...................

PASSATO REMOTO
Io scrissi
tu scrivesti
egli ..............
....................
....................
essi ..............

TRAPAS. REMOTO
Io ebbi scritto
tu avesti scritto
egli ...............
......avemmo scritto
......aveste scritto
essi .................

FUTURO SEMPLICE
Io scriverò
tu ........................
egli ....................
..........................
..........................
essi ....................

FUTURO ANTERIORE
Io avrò scritto
tu avrai scritto
egli .................
..........................
...... ...................
essi .....................

# LE CONIUGAZIONI DEI VERBI

Per scoprire a quale coniugazione appartengono i verbi bisogna trasformarli all'infinito presente e osservare come terminano (es. canto= voce del verbo cant**are**; rido = voce del verbo rid**ere**; finisco= voce del verbo fin**ire**).
Due verbi, essere e avere, hanno una coniugazione propria.

TRASFORMA I SEGUENTI VERBI ALL'INFINITO PRESENTE E INSERISCILI NELLA CONIUGAZIONE ESATTA.

Io ballai, egli saltò, noi correvamo, essi scrivevano, voi dormivate, essi leggevano, noi partiremo, tu finirai, essi mangeranno, voi giocherete, voi impallidite, essi amano.

COMPLETA SCRIVENDO LA VOCE VERBALE, LA CONIUGAZIONE, IL TEMPO (SONO TUTTI AL MODO INDICATIVO).

Io canto: voce del verbo *cantare*, coniug. *prima*, tempo *presente*.

Egli rideva: voce del verbo …………………, coniug. …………, tempo ……………………

Noi correvamo: voce del verbo …………………, coniug. …………, tempo ……………………

Egli aveva mangiato: voce del verbo …………………, coniug. ………, tempo ……………………

Noi andremo: voce del verbo …………………, coniug. …………, tempo ……………………

Egli ebbe finito: voce del verbo …………………, coniug. …………, tempo ……………………

Ella vincerà: voce del verbo …………………, coniug. …………, tempo ……………………

Voi sarete andati: voce del verbo …………………, coniug. …………, tempo ……………………

Noi avremo pensato: voce del verbo …………………, coniug. ………, tempo ……………………

Tu avesti finito: voce del verbo …………………, coniug. …………, tempo ……………………

Egli aveva letto: voce del verbo …………………, coniug. …………, tempo ……………………

Io avrò scritto: voce del verbo …………………, coniug. …………, tempo ……………………

Voi studierete: voce del verbo …………………, coniug. …………, tempo ……………………

Egli partì: voce del verbo …………………, coniug. …………, tempo ……………………

# GLI AVVERBI

Come faccio le cose? Posso correre velocemente come una lepre oppure lentamente come una lumaca. Posso mangiare molto oppure poco o anche niente. E se mi chiedi una cosa posso rispondere di sì oppure di no. Le parole che aggiungono un'informazione a quanto dice il verbo si chiamano avverbi (= "parola aggiunta").

Gli avverbi possono essere:
DI LUOGO: laggiù, quassù, là, qui, sotto......
DI TEMPO: ieri, oggi, domani, ora, presto, tardi......
DI MODO: volentieri, lentamente, bene, allegramente......
DI QUANTITÀ: molto, niente, poco, nulla, appena......
DI DUBBIO: forse, probabilmente......
DI NEGAZIONE: no, neppure, nemmeno......
DI AFFERMAZIONE: sì, certo, sicuro, appunto......

COMPLETA LE FRASI AGGIUNGENDO L'AVVERBIO E SCRIVI DI QUALE TIPO DI AVVERBIO SI TRATTA (QUALCHE VOLTA PER AIUTARTI ABBIAMO MESSO LA DOMANDA).

Mio cugino arriverà (quando?) .......................... . Avverbio di .............................
La scimmia è salita (come?) .......................sull'albero. Avverbio di ....................
La mia cartella si trova (dove?) ................. sul banco. Avverbio di ....................
Questa mattina ho mangiato (quanto?) .................... . Avverbio di ....................
Ho chiesto al papà se potevo andare a pattinare e lui mi ha detto di ............ . Avverbio di ............................ .
La maestra ha detto che domani .................... andremo in passeggiata. Avverbio di .................... .
Il pacchetto che aspettavo è arrivato (quando?) ................. . Avverbio di ....................
Bisogna bere (quanto?) ................. per stare bene? Avverbio di ....................
L'arcobaleno è sorto (dove?) ................. . Avverbio di ....................
Ieri ho cantato (come?) .................... per tutta la sera. Avverbio di ....................

NELLE SEGUENTI FRASI SOTTOLINEA GLI AVVERBI E SCRIVI IL LORO NOME.

Il fiume scendeva lentamente verso il mare. Avverbio di ..........................
Dov'è il mio quaderno? L'avevo messo lì. Avverbio di ..........................
La mamma aveva promesso di venire oggi. Avverbio di ..........................
Lucia ha detto che forse verrà a trovarmi. Avverbio di ..........................
Il pacco che aspettavo, oggi non è giunto. Avverbio di ..........................
La nonna, per la mia festa, mi prepara di sicuro il dolce. Avverbio di ..........................

# LA DESCRIZIONE DEGLI ANIMALI

RICORDA: per descrivere qualsiasi tipo di animale è meglio seguire uno schema, per non dimenticarci di qualche aspetto e per rendere così la nostra descrizione completa.

ECCO UNO SCHEMA CHE PUOI UTILIZZARE. COMPLETALO PENSANDO AD UN ANIMALE.

Di quale animale si tratta? ........................................................................................

Qual è il suo nome? ...................................................................................................

A chi appartiene? .......................................................................................................

Vive libero? .................................................................................................................

Com'è il suo aspetto fisico: il pelo......................., il muso..........................................,

le zampe.................................., la coda......................................................................

altro ............................................................................................................................

Com'è il suo carattere? Sottolinea le parole giuste (allegro, giocherellone, furbo, dispettoso, obbediente, simpatico, pauroso, selvaggio, aggressivo...)

Come si comporta con te e con le altre persone?.........................................................

Come si comporta con gli altri animali?........................................................................

C'è qualche atteggiamento che lo rende particolarmente simpatico oppure molto antipatico?.........................................................................................................

COLORA CON IL ROSSO L'INTRODUZIONE, CON IL GIALLO L'ASPETTO FISICO E CON IL BLU IL COMPORTAMENTO DI KETTOR.

## KETTOR

Kettor era un tigrotto.

Aveva un bel mantello a strisce gialle e nere.

Le sue zampe erano grosse come i rami di un giovane albero e la sua coda era bella e sferzante.

I suoi occhi erano dorati e fin troppo feroci per una tigre tanto piccola. Aveva una lingua rosa e ruvida, che lasciava intravedere i denti bianchi e forti, ogni volta che brontolava.

Kettor viveva con la sua mamma in una tana di pietra, sul pendio di una collina. Qui aveva il suo giaciglio di foglie secche e fruscianti.

Quando era molto piccino, gli piaceva rimanere lì tutto il giorno, si divertiva a stendere le grosse zampe e a mettere fuori gli unghioni, che stavano nascosti nel soffice pelo dei piedi. Quando fu un poco cresciuto, la mamma portò fuori Kettor per allenarlo. Ed egli saltava attorno, faceva capriole, gettava in aria rametti, lacerava le foglie con le sue unghie affilate. Dava allegramente dei colpi ad ogni cosa con le sue zampe anteriori. Balzava per gioco sulle pietre e sulle ombre. Così Kettor viveva e cresceva.

# MICIO

Non c'era gatto più bello di lui: tutto bianco, bianco e pulito, con un occhio verde e uno azzurro e i baffi lunghi da capo tribù. Lo chiamavo Micio. Spesso scendeva nell'orto, compiva un giro d'ispezione attorno alla rete del pollaio, poi s'arrampicava sul pergolato e lo percorreva da capo a fondo, camminando sulla solita verga di ferro, come un equilibrista; quindi, non essendoci nulla di nuovo, si sdraiava sul muro di cinta e si godeva il sole. A mezzogiorno rientrava puntuale e veniva a mettersi accanto alla mia sedia. Se aveva fame e io tardavo a dargli la sua parte, mi poggiava addosso le zampe e alzava la testa per vedere cosa c'era in tavola...

Tratto da *Animali*, I. Drago

1 -RISCRIVI IL BRANO CAMBIANDO IL PUNTO DI VISTA: ORA È MICIO CHE RACCONTA. CAMBIA ANCHE IL TEMPO: DAL PASSATO AL PRESENTE.

Non c'è gatto più bello di me:...................................................................

.................................................................................................

.................................................................................................

.................................................................................................

.................................................................................................

.................................................................................................

.................................................................................................

2 -SCRIVI UN TESTO UTILIZZANDO IL SEGUENTE SCHEMA.

IL GATTO
CHI: un gatto selvatico vecchio.
DOVE: in un cortile di una casa.
QUANDO: una volta.
ASPETTO FISICO: grosso muso paffuto, pelo folto e striato, occhi grandi e rotondi.
COMPORTAMENTO: selvatico, diffidente, vagabondo, agile e giocherellone, combinaguai.

C'era una volta un vecchio gatto selvatico che viveva in un cortile di una casa.
Aveva.............................................................................................

.................................................................................................

.................................................................................................

.................................................................................................

.................................................................................................

.................................................................................................

# LA DESCRIZIONE DEGLI AMBIENTI

Quando descriviamo un **ambiente esterno** dobbiamo 'attivare' tutti i nostri sensi, soprattutto la VISTA, l'OLFATTO e l'UDITO e osservare attentamente le caratteristiche stagionali (es. un bosco in primavera sarà molto diverso da un bosco in autunno).

LEGGI IL BRANO E COMPLETA LO SCHEMA.

## NEL BOSCO

Nel bosco il sole era calato dietro le querce e i castagni e le erbe alte e umide si erano tinte di giallo.

Fin dal primo momento in cui vi entrò, sembrò al coniglio pieno di rumori strani. C'era l'odore di foglie marce e muschio e s'udiva dappertutto il gorgoglìo cristallino dell'acqua. Poco oltre, il torrente formava una cascatella il cui debole scroscio echeggiava come dentro una caverna.

Si sentivano gli uccelli starnazzare frenetici fra le frasche. La delicata brezza notturna faceva stormire il fogliame. A terra mucchi di foglie dorate e scarlatte ricoprivano come un tappeto il sentiero. Ogni tanto un rametto secco si schiantava.

E vi erano rumori più sinistri, crepitii brevi senza nome, da lontano: rumori di qualcosa che si muove…

Adattato da "*La collina dei conigli*", R. Adamsù

UDITO: SUONI E RUMORI ..........................................................................

..........................................................................................................

OLFATTO: ODORI ......................................................................................

..........................................................................................................

VISTA: COLORI ........................................................................................

..........................................................................................................

Secondo te che sensazioni sta provando il coniglio?

☐ paura ☐ timore ☐ allegria ☐ tranquillità

E da cosa lo capisci? ..................................................................................

# IL CASTELLO DI FENIS

LEGGI QUESTA DESCRIZIONE.

Il castello di Fenis è il più grande e meglio conservato tra i castelli della Valle d'Aosta. Fu costruito sui resti di un'antica torre a partire dal 1330 e ultimato nel 1398. Esternamente si notano le doppie mura difensive ornate con merlature, torri cilindriche e quadrate. Sopra le mura si scorgono ancora i camminamenti di ronda che permettevano alle sentinelle di sorvegliare l'intero castello. Sparse qua e là, le feritoie da cui i soldati potevano scagliare le frecce.

All'interno la corte ospita una scala circolare che consente di raggiungere le sale degli appartamenti del signore.

Nelle stanze e nella cappella privata si ammirano gli affreschi realizzati da Giacomo Jaquerio e dai suoi collaboratori (intorno al 1426), che raffigurano alcuni santi, ma anche i personaggi della famiglia nei loro più sfarzosi abiti.

Da *L'Italia*, Istituto Geografico De Agostini

La descrizione di un **ambiente interno** può seguire un ORDINE SPAZIALE ben preciso. Nel testo sopra la descrizione procede:

☐ dall'interno all'esterno ☐ dall'esterno all'interno

PROVA A INVENTARE UN TESTO SEGUENDO QUESTO SCHEMA. RICORDATI DI DESCRIVERE IL PROTAGONISTA E L'AMBIENTE.

CHI? Un cavaliere o una strega o un mago.
DOVE? In un castello.
QUANDO? Tanto tempo fa.

Tanto tempo fa in un castello arroccato sulla cima di una montagna viveva..................

.............................................................................................

.............................................................................................

.............................................................................................

.............................................................................................

.............................................................................................

.............................................................................................

.............................................................................................

# DESCRIZIONE DELLE PERSONE

RICORDA: per descrivere qualsiasi persona è meglio seguire uno schema, per non dimenticarci di qualche aspetto e per rendere così la nostra descrizione completa. Ecco uno schema che puoi utilizzare.

DESCRIVI UNA PERSONA CHE VUOI TU SEGUENDO LO SCHEMA SOTTO.
DOVE C'È UN ELENCO SOTTOLINEA LE PAROLE CHE VANNO BENE.

Di quale persona si tratta?.......................................................................

Com'è il suo aspetto fisico: corporatura...................................................

il viso.............................................., lo sguardo............................................

i capelli ..........................................., il naso ................................................

Abbigliamento: elegante, sportivo, trasandato, ..................................................

Com'è il suo carattere? (allegro, espansivo, estroverso, solare, vivace, timido, sensibile, introverso, taciturno, solitario, calmo, serio, riflessivo, impulsivo, coraggioso, irascibile...)

Come si comporta con te e con le altre persone? (educato, rispettoso, maleducato, sgarbato.............................................................)

COLORA CON IL ROSSO L'INTRODUZIONE, CON IL GIALLO L'ASPETTO FISICO E CON IL BLU IL COMPORTAMENTO DI TERESINA.

## TERESINA

Teresina era la mia amica del cuore.

Delle sei sorelle era la meno bella, ma aveva un viso dolce, capelli biondi, lunghi e riccioluti, spalle robuste. La bocca faceva intravedere denti piccoli e forti, ben serrati insieme. Teresina calzava stivali di capretto alti fino a metà polpaccio e guanti di seta.

La sua grande passione erano le mele che andava a cogliere da sola e mangiava a tutte le ore. Delle mele amava anche i fiori che nella primavera si metteva tra i capelli. Teresina era timida e arrossiva molto spesso quando qualcuno le rivolgeva la parola. Sorrideva sempre e tutti provavano per lei una grande tenerezza.

Adatt. da R. Loy, *Le strade di polvere*

# PERSONAGGI STRANI

## BERTOLDO

Bertoldo era un uomo molto brutto, in compenso astutissimo e alquanto malizioso.

Di statura era piccolo; aveva una testa grossa come un pallone, la fronte tutta rughe, gli occhi rossi come il fuoco, le ciglia lunghe e dure come le setole, le orecchie appuntite, la bocca grande e storta con il labbro inferiore pendente come quello dei cavalli, una barba ispida sotto il mento, un nasaccio con due narici larghissime, i denti in fuori come quelli del cinghiale.

Aveva gambe storte come quelle delle capre e piedi lunghi e larghi; indossava vestiti rattoppati e calzava grosse scarpe da montanaro, infine, non si lavava da quando era nato.

Ma, nonostante il suo aspetto ridicolo e goffo, riusciva simpatico a tutti.

(da *Bertoldo e Bertoldino*, Fabbri)

RISCRIVI NEL QUADERNO IL TESTO AL CONTRARIO.

*Bertoldo era un uomo molto bello, in compenso piuttosto tonto e alquanto ingenuo.*

*Di statura era alto* ..................................................

## LA STREGA NOCINA

Nella notte nera e tempestosa la strega Nocina uscì dalla sua caverna. I suoi capelli grigi e scarmigliati svolazzavano uscendo dalla cappa nera. Aveva il naso lungo, bitorzoluto e adunco; gli occhi spiritati sotto le sopracciglia arruffate guardavano verso le case.

La bocca era sottile e le labbra scoprivano un ghigno inquietante. La sua pelle grinzosa e giallastra, le guance smorte e cadenti denotavano chiaramente le sue abitudini notturne.

Nocina balzò sulla scopa e si diresse verso il villaggio, con le mani dalle unghie lunghe e ricurve strette al manico della scopa.

RISCRIVI NEL QUADERNO IL TESTO AL CONTRARIO.

# GLI ELEFANTI

INSERISCI NEL RACCONTO LE SEGUENTI PAROLE: ORECCHIE - ELEFANTI - CALDO - DISSERO - ZAMPE - LORO - NASO - BAMBINI - TEMPORALE - CAPOTRENO - PICCOLO - DI - GLI - SVENTOLARE - TRENO - TERRA.

Tanto tempo fa i ........................ non vivevano nelle case degli uomini, ma nelle foreste degli elefanti. E lì non avevano paura di nulla. Quando faceva ........................, gli elefanti muovevano forte le ........................ per fare il vento. Se scoppiava un ........................, si mettevano uno accanto all'altro e i bambini correvano fra le loro zampe come tra le colonne di un castello. Ma se arrivava un animale feroce, ........................elefanti alzavano la zampa destra, pronti a mollare una pedata, perché sia ben chiaro, i re della foresta siamo noi, dicevano a leoni e leopardi.

Ma un giorno nella foresta passò un ........................ che andava in città. Capitò all'improvviso, una mattina di settembre. Trasportava vagoni pieni .................... quaderni, lettere, pentole, matite, termometri. Anche barattoli di marmellata.

- In carrozza, ragazzi, in carrozza!- gridò il ........................ affacciandosi al finestrino con un megafono in mano. Allora i bambini ........................ agli elefanti che dovevano partire.

- Vado in città a fare il postino - disse uno.

- Io vado a fare il maestro - disse un altro.

- E io il cuoco- urlò un terzo e salì sul vagone delle marmellate.

Ma un bambino più ........................ degli altri esclamò:- Io farò il veterinario e vi porto con me! - e cercò in ogni modo di far salire gli ........................ sul treno. Con le corde, con le scale persino con una gru, che trovò sull'ultimo vagone. Ma gli elefanti, a ogni mossa spaccavano qualcosa.

Allora i bambini capirono che dovevano partire da soli e abbracciarono forte le ........................ dei loro amici. E gli elefanti presero a barrire, a ........................ le orecchie, a seguire il treno con lo sguardo e con il naso.

E più il treno si allontanava, più il ........................ si allungava per fare ciao.

Da quel giorno gli elefanti hanno la proboscide e i bambini vivono nelle città degli uomini. Ma qualche volta i bambini vanno a trovare i ........................ amici. Lo fanno in sogno, quando nessuno li vede: corrono tra le loro zampe, si arrampicano sui loro nasi. Allora gli elefanti li sollevano da ........................ e sussurrando parole di prati e di boschi, li fanno dondolare piano.

(Da E. Nava, *Quando i babbuini andavano al cinema*, Feltrinelli, MI, 1999)

# STORIA DELL'UCCELLINO EGOISTA

IL TESTO È DIVISO IN SEQUENZE. PER OGNUNA SCRIVI UNA BREVE FRASE.

C'era una volta un uccellino così egoista da non poter sopportare che gli altri uccellini beccassero qualcosa. Li cacciava sempre via dalle buone bacche appese ai cespugli e voleva tutto solo per sè.

*C'era una volta un uccellino egoista che voleva tutto per sé.*

Un giorno volando, passò davanti ad una finestra aperta e vide sul tavolo della stanza una torta di crema. Subito saltò sul tavolo, aprì il becco quanto più potè e lo ficcò nella torta il più possibile.

Trovandosi con tutta la testa nella crema, non riusciva più a vedere niente. La crema gli aveva incollato gli occhi e stava sulla sua testa come un grande berretto con la ciliegia della torta in cima.

Nonostante ciò, l'uccellino volò verso il centro della torta ma, non vedendo dove andava, cadde nel bricco del latte e rimase a sguazzare come in una bagnarola! Il bricco era troppo stretto e l'uccellino non riusciva a venirne fuori.

In quel momento entrò una donna che versò tranquillamente il bricco con l'uccellino dalla finestra.

In strada, gli uccellini dovettero beccare la crema dalla sua testa perché potesse vedere qualcosa.

Trovarono la crema molto buona, ma l'uccellino egoista era molto arrabbiato perché, in fondo, non avrebbe voluto cedere loro neppure una briciola di torta.

# STORIA DI UNA PARTENZA

RIORDINA LE SEQUENZE NUMERANDOLE.

☐ Il treno si fermò. La gente che era arrivata scese dal treno. Ora toccava alla famiglia salire. Ma il bambino più piccolo non si trovava più!

☐ Una famiglia numerosa voleva fare un viaggio. Madre, padre e quattro figli stavano sulla banchina della stazione e tutti quanti erano molto agitati. Il più agitato di tutti era il bambino piccolo.

☐ Arrivò il treno. Il padre prese la valigie, la madre le borse e i ragazzi più grandi il cestino con i panini, la rete con le arance, la bottiglia con la limonata e la macchina fotografica. Il bambino più piccolo doveva portare solo il suo orsacchiotto.

☐ La madre domandò a tutti e il padre chiese persino al capotreno, ma nessuno aveva visto il bambino! In quel momento qualcuno bussò da dietro il vetro di un finestrino e gridò:“ Ma perché non salite?”
Il bambino stava già lì da un pezzo! Tutti risero e subito salirono con tutti i loro bagagli e finalmente il treno potè partire.

☐ I ragazzi più grandi si sparpagliarono intorno cercando dappertutto: vicino alla scala, al chiosco dei giornali, al distributore automatico di cioccolata, dietro al vagone dei bagagli e persino sotto la panca. Ma non si riusciva a trovare il bambino da nessuna parte!

SCRIVI VICINO AD OGNI TITOLO UNA BREVE FRASE.

1 - IL VIAGGIO ..........................................................................................

..........................................................................................................

2 - IL TRENO ARRIVA ..................................................................................

..........................................................................................................

3 - IL PICCOLO SI È PERSO .........................................................................

..........................................................................................................

4 - TUTTI ALLA RICERCA ............................................................................

..........................................................................................................

5 - IL RITROVAMENTO ...............................................................................

..........................................................................................................

# IMPARARE A STUDIARE

Spesso si leggono dei TESTI INFORMATIVI che possono riguardare diversi argomenti (la storia, la geografia, le scienze, ecc.). Questi testi hanno lo scopo di far conoscere nuovi contenuti, quindi si leggono per IMPARARE.

Ogni testo tratta un ARGOMENTO GENERALE, che si può individuare dal TITOLO e poi si può suddividere in PARAGRAFI che trattano ARGOMENTI PARTICOLARI.

PONI UN TITOLO AD OGNI PARAGRAFO SCEGLIENDO TRA QUESTI: IL CLIMA MARITTIMO- IL MOVIMENTO DELLE ONDE- DESCRIZIONE DEL MARE- CARATTERISTICHE DELLE COSTE.

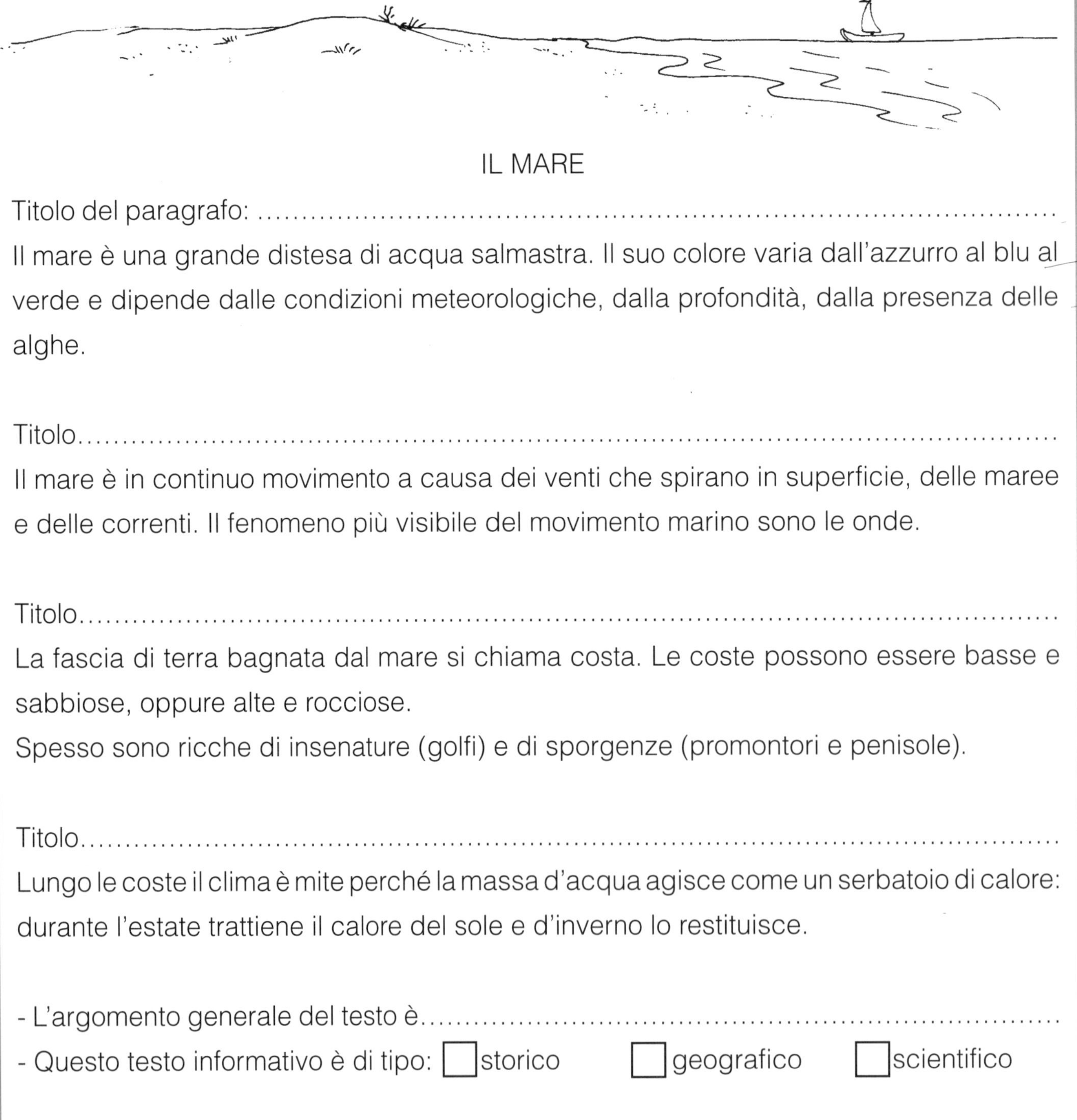

## IL MARE

Titolo del paragrafo: ..........................................................................

Il mare è una grande distesa di acqua salmastra. Il suo colore varia dall'azzurro al blu al verde e dipende dalle condizioni meteorologiche, dalla profondità, dalla presenza delle alghe.

Titolo..........................................................................

Il mare è in continuo movimento a causa dei venti che spirano in superficie, delle maree e delle correnti. Il fenomeno più visibile del movimento marino sono le onde.

Titolo..........................................................................

La fascia di terra bagnata dal mare si chiama costa. Le coste possono essere basse e sabbiose, oppure alte e rocciose.

Spesso sono ricche di insenature (golfi) e di sporgenze (promontori e penisole).

Titolo..........................................................................

Lungo le coste il clima è mite perché la massa d'acqua agisce come un serbatoio di calore: durante l'estate trattiene il calore del sole e d'inverno lo restituisce.

- L'argomento generale del testo è..........................................................
- Questo testo informativo è di tipo: ☐ storico ☐ geografico ☐ scientifico

- Prova a ripetere il contenuto guardando solo i titoli dei paragrafi.

# AVVIO AL RIASSUNTO

- INSERISCI I TITOLI DEI VARI PARAGRAFI : - IL LUPO, SPECIE PROTETTA - LA SCOMPARSA DEI LUPI - PERCHÉ IL LUPO VIENE CONSIDERATO 'CATTIVO'.
- RICOPIA A DESTRA LE PARTI SOTTOLINEATE. SE OCCORRE APPORTA QUALCHE PICCOLO CAMBIAMENTO. OTTERRAI COSÌ IL RIASSUNTO DEL BRANO.

IL LUPO

.....................................................................

La fama di "cattivo" del lupo nacque molte migliaia di anni fa, durante la preistoria, quando gli uomini, per sfamarsi, dovevano cacciare gli animali selvatici, proprio come facevano i lupi, che erano considerati dei pericolosi avversari. Quando gli uomini impararono ad allevare il bestiame, i lupi, oltre che rivali nella caccia, diventarono anche ladri di pecore e di capre, quindi ancora più "cattivi": così gli uomini cominciarono a uccidere quanti più lupi fosse possibile per eliminarli completamente dalle terre abitate.

.....................................................................

Fino a 30 anni fa le uccisioni dei lupi, condotte con trappole, armi e veleni, erano ricompensate con premi in denaro. Queste persecuzioni e la diminuzione delle sue prede preferite (cervi e caprioli) provocarono la scomparsa del lupo da molti paesi d'Europa.
In Italia il lupo si ridusse a poche esemplari, non più di 200, rifugiatosi nei luoghi più boscosi e isolati dell'Appennino.

.....................................................................

Dal 1971 il lupo è una specie protetta: la sua uccisione è vietata. Oggi in Italia i lupi sono oltre 500. Hanno occupato molti territori e sono ritornati sulle Alpi, da dove erano scomparsi circa 70 anni fa.

da Parco Naturale Alpi marittime, *Sulle tracce del lupo*

- L'argomento generale del testo è.....................................................................
- Questo testo informativo è di tipo: ☐ storico ☐ geografico ☐ scientifico

# SPOSALIZIO IN MARE

LEGGI IL RACCONTO: STAI PERÒ MOLTO ATTENTO, CI SONO DUE FRASI CHE NON CENTRANO PROPRIO. TROVALE E SOTTOLINEALE.

C'erano una volta tre pesci fratelli gemelli: Alicin, Saraghin, Acciughin.

Trovarono tre belle pescioline disposte a sposarli: Alicetta, Saraghetta e Acciughetta.

Le tre coppie decisero di sposarsi nello stesso giorno, per fare le spese della cerimonia una volta sola e per risparmiare un bel po' di conchigliette, che sono le monete del mondo marino. I delfini sono animali molto intelligenti.

Si trovarono tutti d'accordo su chi avrebbe celebrato il triplice matrimonio: un pesce san Pietro. D'accordo su chi avrebbe rallegrato la festa con uno spettacolo: le meduse del balletto classico. D'accordo anche per il viaggio di nozze: l'Oceano Pacifico, che è di buon augurio alle coppie che non desiderano litigare in luna di miele. Le api producono miele che poi viene raccolto dagli apicoltori. Purtroppo su un particolare i nostri amici acquatici non si trovarono d'accordo: sul tipo di onde da cui lasciarsi portare al luogo della cerimonia nuziale.

Alicin e Alicetta volevano onde appena increspate. Saraghin e Saraghetta volevano onde con una stretta striscia di schiuma bianca sulla cresta. Invece Acciughin e Acciughetta volevano onde con molta schiuma perché si vedesse bene da lontano. Bisticciarono per ore e ore.

Intanto il vento del nord portava minacciose nubi nere che si raggruppavano sui promessi sposi. Si scatenò il finimondo. Onde enormi con montagne di schiuma ribollente li travolsero e li dispersero, uno di qua e uno di là, uno di sotto e uno di sopra.

Le tre fidanzatine stanno ancora girando per i mari alla ricerca dei loro diletti Alicin, Saraghin e Acciughin!

Nicola Vicini, *365 storie una per ogni giorno*

RISPONDI.

1) Chi sono i protagonisti di questo racconto?
2) Dove è ambientato il racconto?
3) Quando si svolge?
4) Perché le tre coppie di pesciolini decidono di sposarsi lo stesso giorno?
5) Quali sono le monete del mondo marino?
6) Chi avrebbe celebrato il matrimonio e chi avrebbe rallegrato la festa?
7) Dove sarebbero andati in luna di miele?
8) Solo su un particolare le tre coppie di pesciolini non erano d'accordo. Quale?
9) Da che cosa vennero travolti i poveri pesciolini?
10) Le tre pescioline cosa stanno ancora facendo?

# Polvere nera nel bosco

racconto di

*Luigi Dal Cin*

Il sole scende oltre il bosco e gli animali cominciano a prepararsi per la notte.
Ma nemmeno con la notte quel rumore smette. Non lascia un attimo di tregua.
È un rumore continuo, profondo, che si diffonde per tutto il bosco. E non si può dire che provenga da una direzione precisa. È come se avvolgesse il bosco intero.
Un rumore continuo, ma fatto da piccoli colpetti quasi indistinguibili l'uno dall'altro. Piccoli colpetti profondi, in successione continua.
Giorno e notte.
Soprattutto notte.
Non è che quel rumore aumenti d'intensità con il buio. È che si nota soprattutto di notte, quando tutt'intorno c'è silenzio.
Gli animali del bosco non riescono più a dormire.
Si accucciano nelle loro tane, si raggomitolano nei loro nidi, chiudono gli occhi.
Niente.
Il sonno non viene.
C'è sempre quel rumore continuo nelle orecchie.

Da un po' di tempo poi ha cominciato a diffondersi ovunque nel bosco una polvere nera, sottile, impalpabile. Onnipresente.
È una polvere forte: nessun animale riesce a sfuggirle.
Polvere nera sulle piume.
Polvere nera sul pelo.
Polvere nera nei nidi.
Polvere nera nelle tane.
Polvere nera nell'acqua.
Polvere nera nell'aria.
Polvere nera negli occhi.

'La situazione è grave... – pensa la vecchia tartaruga del bosco – È arrivato il momento di convocare il Pieno Consiglio. E questa volta tocca a me farlo!'
Estrae la testa dal guscio, apre la bocca e ne esce un grido stridulo.
Quel grido scatena improvvisamente le voci del bosco. Sono i versi di tutti gli animali, da una tana all'altra, da un nido a quello vicino, di albero in albero...
È così che vuole l'Antica Legge: la convocazione del Pieno Consiglio deve partire dall'animale più anziano del bosco e vi devono partecipare tutti gli animali.
Il luogo deciso per la riunione è il grande spiazzo a fianco del ruscello, proprio al centro del bosco. Per l'intero periodo in cui si svolgerà il Pieno Consiglio sarà in vigore la Grande Tregua tra gli animali: nessun animale potrà cacciare e ognuno avrà la certezza che nessun altro animale gli farà del male.
Questo impone l'Antica Legge. E impone anche che dovrà essere l'animale più anziano a presiedere l'assemblea.

La mattina del Pieno Consiglio arrivano a gruppi tutti gli animali del bosco e si dispongono occupando diversi settori dello spiazzo, ognuno secondo la propria specie.
Arrivano in ordine i merli, le lepri, i porcospini, le talpe, i topi, le civette, gli scoiattoli, i gufi, le lumache, le serpi, le salamandre, i picchi, i ghiri, le rane del lago, gli aironi, le cicogne, i ragni,

le volpi, gli orsi, i lupi, vari tipi di insetti e così via... arrivano, un gruppo dopo l'altro, tutti gli animali del bosco finché l'intero spiazzo viene occupato. Dall'acqua del ruscello si affacciano i pesci.
La tartaruga sta al centro, su una roccia, in modo che ogni animale possa udirla.
Tutti fanno silenzio.
Si sente solo il rumore continuo che avvolge il bosco.

"Da quando sono nata – dice la tartaruga – questo è il primo Pieno Consiglio che viene convocato nel bosco. Ma era necessario: la situazione si è fatta ormai insostenibile...".
Un brusio si diffonde tra gli animali.
"È evidente, amici del bosco – continua la vecchia tartaruga – che gli alberi hanno cominciato a tossire. È evidente che le loro foglie non riescono più a respirare. Ascoltate...".
Nel silenzio si sente quel rumore continuo fatto di piccoli colpetti profondi.
"Sono fortemente convinta che la causa di tutto questo sia la polvere nera, quella polvere sottile che ormai troviamo dovunque nel bosco. E che piano piano sta soffocando i nostri alberi. Il rischio è gravissimo, amici animali. Il rischio è che gli alberi ammalati muoiano piano piano. Il rischio è che, non riuscendo più a respirare, muoiano soffocati. E sapete cosa significherebbe tutto questo per il nostro bosco?".
Di nuovo si diffonde un brusio nell'assemblea.
"Tutto si trasformerebbe in un deserto – continua la tartaruga – e la maggior parte di noi non potrebbe sopravvivere in un ambiente simile. Amici del bosco, il Pieno Consiglio deve cercare di risolvere questa situazione!".

Un merlo prende la parola.
"Noi uccelli conosciamo tutti l'origine della polvere nera. La vediamo arrivare di continuo dalla città, uscire dalla ciminiera".
La tartaruga allunga il collo verso il gruppo dei merli. Spalanca gli occhi che di solito tiene socchiusi.
"Si tratta della ciminiera di una fabbrica che si trova appena fuori dalla città – continua il merlo – i suoi proprietari sono degli uomini sempre vestiti di nero che portano sempre occhiali scuri. E si aggirano per la città seri e tetri: non li ho mai visti sorridere, né scambiare parola con qualcuno".
Tutti gli uccelli cominciano a vociare per confermare quello che dice il merlo.

"Amici – li interrompe la tartaruga – se questa è l'origine della malattia che affligge il nostro bosco, cosa possiamo fare?".
"Ricambiamo il favore: non facciamoli più dormire! – dicono le anatre selvatiche – Starnazzeremo ogni notte sotto le loro finestre!".
"Bombardiamoli dall'alto! – dicono gli aironi – Noi ci offriamo volontari!".
"Incendiamo loro la fabbrica!" dice una volpe.

"Amici del bosco! – li interrompe la tartaruga – Non sono questi i modi per risolvere il problema.

Ciò che proponete aggraverebbe i nostri rapporti con gli uomini della città, e innescherebbe la violenza, la vendetta. Dobbiamo invece trovare un modo chiaro per far capire agli uomini quello che sta succedendo qui nel bosco. E che la perdita del bosco sarebbe un disastro per tutti, anche per loro!".
"Quegli uomini vestiti di nero sono persone senza scrupoli!" dice un airone.
"Ma non tutti gli uomini sono così! – dice la tartaruga – Dovremo contare sull'appoggio degli altri, quelli che hanno ancora un cuore che si commuove per la bellezza della natura!".
"Giusto! – dice Cirilla, la cicogna – E io vorrei fare il mio nido...".
"Lo sappiamo, Cirilla, che vorresti fare il tuo nido – dice la tartaruga – ma ti sembra questo il momento per parlarne?".
"Ma io vorrei...". Cirilla viene zittita dallo sguardo severo che tutti gli animali dell'assemblea rivolgono verso di lei.
Cirilla è una cicogna un po' goffa. È sempre così impacciata e disordinata che ogni volta che inizia qualcosa, poi se ne dimentica. Ha tentato varie volte di costruire il proprio nido ovunque, senza riuscirci, e ormai nessun animale del bosco crede che ci riuscirà mai. Tranne Pistacchio, il suo amico scoiattolo. E tutti la evitano, perché ad ogni animale che incontra annuncia il suo prossimo tentativo di fare un nido. Solo Pistacchio la sta ancora ad ascoltare.

La discussione nel Pieno Consiglio si fa molto animata, ma alla fine tutti sono d'accordo di inviare in città Remigio, l'orso che tutti gli animali considerano un saggio, per spiegare agli uomini cosa sta accadendo nel bosco. Questo, nonostante l'Antica Legge sconsigli di parlare agli uomini, e nonostante si tratti della prima volta nella storia del bosco che si tenta un simile approccio. Tutti però sono d'accordo: la situazione impone che un animale parli agli uomini.
"È bene che qualcuno accompagni Remigio in città" dice la vecchia tartaruga.
"Posso andare io con lui" dice Black, il lupo nuovo arrivato che da poco si fa vedere nel bosco.
"Grazie Black – dice la tartaruga – ma ci vorrebbe qualcuno che già conosca la città, che non dia troppo nell'occhio, e che possa agire velocemente, se necessario... Pistacchio, te la sentiresti? Tu conosci tutti i parchi in città e sei uno scoiattolo agile...".
"Certo! – dice lo scoiattolo – Eccomi, sono pronto!".
"Bene! – dice la tartaruga – Il Pieno Consiglio è rimandato a domattina per decidere i passi successivi, dopo che Remigio sarà tornato dalla sua missione!".
Tutti gli animali lasciano il grande spiazzo per tornare alle loro tane. Finché non rimane più nessuno.
Si sente solo un rumore continuo e profondo, fatto di piccoli colpetti di tosse.

Remigio e Pistacchio partono per la città, seguendo sentieri solitari. "Sai – dice l'orso – gli uomini hanno dei comportamenti strani quando da queste parti si imbattono in un orso. Meglio non incontrarli fuori dalla città e prima del tempo...".

Nel frattempo allo zoo cittadino squilla il telefono del direttore.
“Pronto? Sì, sono io! Ah, buongiorno... un orso? Non posso crederci... certamente... sono d’accordo, è un pericolo avere in città un orso libero... certo... provvederò sicuramente, come lei mi chiede!”.
Remigio e Pistacchio arrivano alle porte della città. Ora il sentiero è diventato una strada, e la gente che li vede scappa gridando.
“Coraggio! – dice lo scoiattolo – Entriamo in città, andiamo al parco, e cominciamo a parlare agli uomini. Vedrai che verranno, si raccoglieranno intorno a te e ascolteranno le tue parole!”.
Così, disorientati e un po’ spaventati, Remigio e Pistacchio arrivano al Parco Centrale.
Remigio sale su una panchina, e si alza sulle zampe posteriori.
E comincia a parlare.
La gente, inizialmente spaventata, notando che l’orso non ha un atteggiamento aggressivo, si avvicina incuriosita pur mantenendosi ad una distanza di sicurezza.
“Amici uomini! – dice l’orso cercando di stare dritto in equilibrio sulla panchina – Non vogliamo spaventarvi o disturbare la vostra quiete! Siamo venuti a trovarvi in città perché il bosco è in grave pericolo! Una polvere nera ha fatto ammalare gli alberi e noi animali temiamo che possano morire. Potete immaginare che terribile disastro sarebbe! Sappiamo che quella polvere nera esce dalla ciminiera di una fabbrica della vostra città. Una fabbrica condotta da alcuni uomini vestiti di nero, con gli occhiali scuri. Bisogna chiedere loro di smettere di fare uscire dalla loro ciminiera tutta quella polvere. Sono sicuro che non sarà necessario chiudere la fabbrica, ma solo modificare qualche tecnica, installare un depuratore dei fumi, ad esempio. Ma è un passo necessario. Il rischio che il bosco scompaia è troppo alto!”.
Una grande folla si è raccolta intorno all’orso che sta in piedi sulla panchina.
Ma l’unico ad applaudire è Pistacchio.
Gli uomini non hanno capito nulla di quanto ha detto Remigio.
Hanno udito solo il verso di un orso. Uno strano orso che sta in piedi su una panchina del parco, chissà per quale strano motivo.

“Fate largo!” si sente all’improvviso.
Un gruppo di uomini in divisa si fa largo tra la folla e, arrivati davanti all’orso, gli si lanciano contro, lo immobilizzano e lo legano con una corda.
“Fate largo! – dicono – È un orso pericoloso!”.
“Scappa Pistacchio! – grida l’orso mentre lo portano via – Scappa prima che prendano anche te! Ritorna dagli altri e riferisci quello che è successo!
E non preoccupatevi per me, me la caverò, non possono farmi del male! Non ho fatto nulla!”.
“Remigio!” grida lo scoiattolo.
Poi la gente si muove, la folla si accalca e Pistacchio corre il rischio di essere calpestato.
Riesce a schivare tutte le scarpe e scappa, scappa veloce verso il bosco.

“Ma dove portate quell’orso?” chiede un ragazzo.
“Dove deve stare un orso, secondo te, bamboccino? Lo portiamo allo zoo, è ovvio!”.
“Non sono un bamboccino! – dice il ragazzo – Mi chiamo Mattia e penso che non sia giusto

che lo trattiate in questo modo! Quell'orso stava facendo qualcosa e sicuramente c'era una ragione in quel che faceva! Dobbiamo scoprirla, prima di decidere che è pericoloso!".
"Oh ragazzino, che seccatura che sei! Lasciaci lavorare in pace e torna dalla tua mamma! Fate largo voialtri! C'è qui un orso pericoloso che si dimena e si oppone alle forze dell'ordine!".

Il giorno dopo il Pieno Consiglio degli animali è di nuovo riunito nello spiazzo a fianco del ruscello.
"Forse Remigio, essendo un orso, era troppo lento per fuggire... – dice la tartaruga – ma gli uomini hanno ascoltato quello che diceva?".
"Certo che ascoltavano! – dice Pistacchio gesticolando – Erano tutti attenti, finché sono arrivati quegli altri uomini in divisa che l'hanno legato e portato via!".
"Dobbiamo pensare a qualcos'altro! – dice la tartaruga – E nel frattempo dobbiamo capire come far ritornare Remigio qui con noi. Si tratta sicuramente di un malinteso: non possono tenerlo in prigione se non ha fatto niente! Devono averlo scambiato per qualcun'altro...".
"Io so cosa fare! – dice la cicogna Cirilla – Io vorrei fare il mio nido...".
"Lo sappiamo, Cirilla – dice la tartaruga – ma non è questo il momento!".
"Posso andare io a spiegare agli uomini come stanno le cose, potete fidarvi" dice Black.
"Grazie Black – dice la tartaruga – ma temo che gli uomini potrebbero catturare anche te... lo fanno già con i cani di città!".
"Si tratta di cani – dice Black – non di lupi".
"Possiamo andare noi in città! – dicono le lepri – Noi riusciremo a sfuggire agli uomini in divisa e porteremo a termine la missione!".
Il Pieno Consiglio approva all'unanimità la proposta delle lepri.

Viene deciso anche che Pistacchio le accompagnerà in città.

Sono circa una ventina le lepri che partono in gruppo dal bosco.
Pistacchio sta sul dorso di una di loro, stringendosi con le zampe e dà indicazioni sulla direzione da seguire.
Nel frattempo, al Canile Municipale squilla il telefono del direttore.
"Pronto? Sì, sono io! Ah, buongiorno... delle lepri? Ventuno lepri dirette in città? Non posso crederci... certamente... sono d'accordo, è un pericolo avere in città ventuno lepri che scorazzano per le strade... certo... provvederò sicuramente, come lei mi chiede!".
Le lepri attraversano di corsa il bosco, poi i prati, saltano fossi, corrono nei campi coltivati, finché arrivano alla porta della città.
Le automobili si fermano e le lasciano passare. La gente è stupita nel vedere delle lepri entrare in città. Stupita e incantata.
Alcuni bambini della città non hanno mai visto una lepre vera e saltellano per la contentezza. Imitando quegli strani animali.
Le lepri si dirigono verso il Parco Centrale.
Lì ad aspettarle ci sono ventuno accalappiacani in divisa.

"Ognuno si scelga una lepre – grida il capo degli accalappiacani – e la insegua!"
A quel grido Pistacchio urla: "Ritorniamo nel bosco! Svelte! Ci vogliono catturare!".
Le lepri si sparpagliano e dietro ogni lepre c'è un accalappiacani che la insegue.
Alcune vengono prese subito, legate, infilate in una gabbia, caricate su un furgoncino.
"E queste lepri vedrai come verranno utili per le prossime cene del Circolo degli Accalappiacani!".
La lepre su cui è aggrappato Pistacchio si lancia in una corsa frenetica seguendo un marciapiede. Riesce a schivare le gambe delle persone che si voltano per osservarla incuriosita, prima dell'urto con l'accalappiacani subito dietro.
Alcune lepri cercano di nascondersi sotto le automobili parcheggiate, altre in mezzo all'immondizia per la strada, altre cercano scampo dentro qualche cortile.
Una dopo l'altra vengono catturate.
L'accalappiacani è sempre più vicino alla lepre di Pistacchio.
"Entra lì!" grida Pistacchio notando improvvisamente un portone aperto.
Entrano nel buio, salgono di corsa le scale su cui si affacciano tante porte chiuse. Su, sempre più su, gradino dopo gradino, finché arrivano in cima. Dietro di loro sentono l'accalappiacani ansimare forte.
L'unica possibilità è un'ultima porta.
Pistacchio salta, afferra la maniglia e riesce ad aprirla.
Entra la luce del sole e di fronte a loro si apre un vasto terrazzo.
Senza vie d'uscita.
"Torna giù, Pistacchio! – grida la lepre – È me che vogliono prendere! Se ritorni giù per le scale, nel buio, con un po' di fortuna passerai tra le gambe dell'uomo che ci insegue e potrai ritornare nel bosco! Potrai avvertire gli altri! Io non potrei mai, sono un animale troppo grosso, mi catturerebbe subito. Lo aspetterò qui e cercherò di sfuggirgli quassù. Ma tu va', Pistacchio, prima che sia troppo tardi!".
Pistacchio resta immobile per qualche secondo.
Poi capisce che non c'è nient'altro da fare.
E giù di corsa per le scale, l'accalappiacani che ansima, i suoi passi pesanti, e giù di nuovo, fuori dal portone, sul marciapiede, e via, per le strade della città, verso il bosco.

La gente che ha assistito alla cattura delle lepri è un po' perplessa su quanto è successo. Ma poi, tutti riprendono i ritmi della propria giornata e non ci pensano più. C'è chi è già in ritardo per il lavoro, chi è già in ritardo per la spesa, chi è già in ritardo per il proprio programma preferito alla televisione.
Alcuni ragazzi che hanno assistito alla scena, invece, si sono raccolti in gruppo nel Parco Centrale.
Tra di loro c'è anche Mattia.
"Non riesco a capire – dice Mattia – perché alcune lepri abbiano deciso di venire qui in città correndo un rischio simile".
"Forse erano lepri che avevano perso l'orientamento! – azzarda un altro ragazzo – Forse è successo a loro quel che ogni tanto succede

alle balene che, tutto ad un tratto, si dirigono verso la spiaggia e lì si arenano e muoiono se non interviene l'uomo per salvarle...".
"Sì, ma qui in città è successo il contrario... – nota Mattia – Quelle lepri non sono certo state aiutate dall'uomo! Che bisogno c'era che degli accalappiacani le catturassero con tanta foga? Che male potevano fare?".
"Forse le hanno catturate per poi liberarle nel bosco...".
"Non lo so... ma un'altra cosa che non capisco è come facevano ad esserci tanti accalappiacani già pronti nel parco, tutti insieme. Sembrava proprio che stessero aspettando quelle lepri! Dobbiamo scoprire cosa sta succedendo e perché gli animali vengono in città! Prima l'orso, adesso le lepri...".

Il giorno dopo, il Pieno Consiglio degli animali è di nuovo riunito nello spiazzo a fianco del ruscello.
E al centro c'è Pistacchio che racconta cos'è successo alle lepri.
"Queste missioni stanno diventando una tragedia per noi animali – dice la tartaruga – eppure continuo ad essere convinta che l'unico modo che abbiamo per guarire i nostri alberi sia quello di far riflettere gli uomini... non sono cattivi, credetemi. A volte però bisogna aiutarli a comprendere come stanno le cose...".
"Io so cosa fare! – dice la cicogna Cirilla – Io vorrei fare il mio nido...".
"Cirilla, per favore! – dice la tartaruga – Lo sai che non è questo il momento!".
Black fissa negli occhi la tartaruga.
"Ci vorrebbe qualcuno che possa sfuggire agli uomini..." sussurra la tartaruga abbassando lo sguardo.
"Posso andare io! – dice Fischio, l'usignolo – Gli uomini da sempre vengono conquistati dal canto di noi usignoli... vedrete, anche stavolta nessuno rimarrà insensibile di fronte alla mia musica! Potrebbe essere un modo per attirare la loro attenzione e poi spiegargli cosa sta succedendo nel bosco. Inoltre, io posso volare. Nessun accalappiacani potrà mai catturarmi!".
La proposta viene discussa, e alla fine viene accettata all'unanimità.
"Ti accompagnerò! – dice Pistacchio – Ormai conosco la città quasi come il nostro bosco!".

Tutti gli animali guardano Pistacchio salire fino alla cima dell'antica quercia, afferrare saldamente le zampe di Fischio e via, in volo verso la città.
Tutti gli sguardi li fissano in silenzio, finché Fischio e Pistacchio diventano un puntino nero che sparisce nel blu del cielo.
Allora, uno dopo l'altro gli animali abbandonano il grande spiazzo.
Rimane solo il solito continuo rumore delle foglie che tossiscono.

"Vai piano, ti prego!" dice Pistacchio.
"È la prima volta?" chiede Fischio.
"Sai com'è... noi scoiattoli non abbiamo le ali...".
"Rilassati Pistacchio, e goditi il panorama!".
In effetti la vista è magnifica. Tutto appare minuscolo da lassù, anche gli alberi più grandi.

Pistacchio respira profondamente, l'aria è frizzante e il suo piccolo cuore batte forte.
Si sente fiducioso osservando il mondo dall'alto.
Pensa che tutto quello che vede, tutta quella bellezza, è lì indifesa, ma nel contempo non può credere che qualcuno sia diventato così insensibile da volerla rovinare.
Fischio ha seguito dall'alto il ruscello del bosco che, mano a mano che si avvicinano alla città, si trasforma in un vero fiume.
"Eccolo lì che scorre in città. Dove andiamo adesso?" chiede Fischio.
"In un luogo da dove tutti possano udire il tuo canto!".
Fischio si dirige verso il grattacielo più alto della città. E si posa delicatamente sul tetto.
Poi si avvia verso il ciglio e, dopo aver inspirato profondamente, inizia il canto più soave e incantevole che Pistacchio abbia mai udito.
Pistacchio chiude gli occhi e, ascoltando quella musica, sorride.

Fischio canta, gorgheggia, trilla. Melodioso.
Canta le bellezze del bosco.
Ma nessuno lo ascolta.
La gente è di fretta e poi c'è il rumore delle macchine.
Fischio canta per tutto il giorno e canta al tramonto.
Canta il soffio del vento, il fruscio delle foglie, la corsa del cervo, il ruscello che ride.
Ma nessuno lo ascolta.
La gente chiude le finestre, per ascoltare la televisione.
Allora Fischio canta per tutta la notte.
Ma la gente vuole dormire perché il giorno dopo sarà di fretta come sempre.
"Cara, mi passi i tappi per le orecchie? Stasera c'è un uccello che non vuole smetterla di fare rumore!".

Mattia, invece, ha sentito.
Nel silenzio della notte, affacciato alla finestra, ascolta stupito il canto di Fischio.
'Dopo l'orso, gli scoiattoli e le lepri sono arrivati in città anche gli uccelli del bosco! – pensa Mattia – Che cosa starà succedendo?'.

All'alba Fischio smette di cantare.
"Sono rimasto senza voce – sussurra piano – e nessuno mi ha ascoltato...".
"Non importa se gli uomini non ti hanno ascoltato, tu sei stato fantastico!" dice Pistacchio, ed è talmente commosso da quel canto che gli occhi gli luccicano.
"Adesso però non puoi più cantare. Torniamo nel bosco – dice Pistacchio – vedrai che una soluzione la troveremo!".
Così lo scoiattolo si aggrappa alle zampe dell'usignolo e, in silenzio, ritornano volando verso il bosco.

Il Pieno Consiglio è già riunito nel grande spiazzo a fianco del ruscello. Gli animali guardano nella direzione in cui hanno visto sparire Fischio e Pistacchio il giorno prima.
Stanno tutti in silenzio, si sente solo il solito rumore continuo delle foglie con la tosse.

"Guardate quel puntino lassù! – grida all'improvviso un falchetto – Sono loro!".
In effetti, dopo un po', Fischio e Pistacchio atterrano al centro dello spiazzo.
Sono entrambi spelacchiati e tutti sporchi di nero.
"Abbiamo incontrato la nuvola di polvere nera – dice Pistacchio – e gli uomini della città non hanno ascoltato il canto di Fischio!".

"Qui ci vuole qualcuno che prenda in mano la situazione! – dice, con voce stridula, la portavoce delle lumache – finora non si è risolto nulla, pappemolli! Lasciate fare a noi lumache, e vedrete!".
Gli animali del Pieno Consiglio si guardano l'un l'altro con aria stupita.
"Per risolvere una situazione così ci vuole cervello, belli miei! E noi lumache modestamente...".
Gli animali del Pieno Consiglio si guardano l'un l'altro con aria perplessa.
"Amiche lumache – azzarda la tartaruga, con tono gentile – non è per contraddirvi, ma rischiamo che il bosco sia già morto prima che arriviate alla città...".
"Oh, basta adesso con questa vecchia storia della lentezza di noi lumache! E senti poi chi parla di lentezza! Da quale pulpito! Siete voi animali che siete lenti di comprendonio, siete tutti degli zucconi! Lasciate fare a noi lumache, che abbiamo il cervello che sprizza scintille. Tutti voi animali insinuate che siamo lente? Noi lumache abbiamo il pensiero veloce! Vedo già i titoli dei giornali: 'Le lumache salvano il bosco'!".
"Amiche lumache, cercate di ragionare, il tempo che impieghereste per arriv...".
La tartaruga viene interrotta da uno stridio di voci acutissime.
"Avete sentito?". "Ha detto: 'Cercate di ragionare'!". "A noi lumache ha detto così!". "Noi che siamo le più veloci di tutti gli animali!". "Nel ragionare!".
"Amiche – sospira la tartaruga – calmatevi adesso! Non intendevo certo offendervi... e se proprio ci tenete, andate pure...".
Senza dire altro, con aria altezzosa, le lumache si avviano verso la città.
Lentamente.
Molto lentamente.
Gli animali del Pieno Consiglio si guardano l'un l'altro trattenendo il sorriso.

"Nell'attesa che le amiche lumache ci salvino – dice la tartaruga – potremmo provare qualcosa di nuovo!".
"Io so cosa fare di nuovo! – dice la cicogna Cirilla – Potrei fare il mio nido...".
"Per favore, Cirilla – dice la tartaruga – non è questo il momento!".
"Posso andare io" dice Black.
"Pensavo a una via diversa – dice la tartaruga – una via che non abbiamo ancora percorso...".
"Una via d'acqua, ad esempio?".
Tutti gli animali seguono con lo sguardo la voce che proviene dal torrente.
Alcuni pesci stanno lì, con la testa fuori dall'acqua.
È uno di loro che ha parlato.

"Potremmo arrivare in città seguendo il torrente, che poi diventa fiume. E parlare noi agli uomini. Potremmo fuggire facilmente, in caso di pericolo. Gli uomini sono sempre stati lenti nel nostro elemento...".
Il Pieno Consiglio approva la proposta. Viene deciso anche che Pistacchio seguirà i pesci lungo la riva.
"Posso andare anch'io? – chiede Cirilla – Potrei approfittarne per fare il mio nido...".
"Per favore, Cirilla!" dice la tartaruga.

I pesci guizzano in branco nell'acqua trasparente, avanzano veloci, poi si fermano o tornano indietro per essere sicuri di non perdere Pistacchio. Pistacchio corre e saltella agile seguendo la riva, ma è sempre un po' più lento dei pesci nel torrente.
Mano a mano che si avvicinano alla città il torrente si ingrossa, arrivano le acque di altri fiumiciattoli, finché in vista della città i pesci si bloccano. Uno di loro si affaccia dalla superficie dell'acqua.
"L'acqua non ha più ossigeno e ha un gusto terribile. Cosa succede? Vedi qualcosa lì fuori?".
"Sì! – dice Pistacchio – Abbiamo appena superato la fabbrica, quella della ciminiera che sputa polvere nera... probabilmente scaricano i loro liquami inquinanti qui nel fiume...".
"Non possiamo procedere oltre – dice il pesce – potremmo morire tutti! Dobbiamo tornare indietro!".
Pistacchio si volta, e solo in quel momento si accorge che dietro di loro si sono raccolti numerosi uomini vestiti di nero con gli occhiali scuri e che alcuni di loro hanno immerso nel fiume una grande rete per bloccare ai pesci ogni possibilità di fuga verso il bosco. Dietro di loro c'è il sindaco della città, un affollarsi di giornalisti con microfoni e telecamere e, ancora dietro, tanta tanta gente.

"Ecco qui, signor sindaco! – dice uno degli uomini vestiti di nero ai microfoni di un'emittente televisiva – Ecco la dimostrazione che la nostra fabbrica non inquina! Guardate!" e indica l'acqua del fiume, brulicante dei pesci che vengono dal bosco, bloccati tra l'inquinamento a valle e la rete a monte.
La televisione riprende e trasmette le immagini in diretta.
"Guardate quanti pesci! E ancora osate accusarci di inquinamento delle acque? Se fossero realmente inquinate come potrebbero sopravvivere tutti questi pesci? E guardate quanti sono: si tratta di pesci che sicuramente vengono dal bosco, questo dimostra che le nostre acque sono addirittura migliori di quelle dei torrenti del bosco, altrimenti cosa verrebbero a fare qui? Questo attesta in maniera in-con-fu-ta-bi-le che la nostra fabbrica non solo non inquina, ma migliora la qualità dell'acqua del fiume!".
Tutti gli uomini vestiti di nero applaudono.
A lungo.
Si sente anche un ululato. "Zitto Black!" dice uno degli uomini vestiti di nero al lupo che tiene al guinzaglio.

La televisione riprende.
Il sindaco sembra un po' perplesso. Si guarda intorno. Guarda la gente tenuta lontana dagli operatori televisivi.
"Non è vero!" si sente gridare all'improvviso tra la folla.
Un gruppo di ragazzi si fa largo e uno di loro, sfuggendo a chi tenta di bloccarlo, arriva di fianco al sindaco.
È Mattia.
"Signor sindaco – dice Mattia – questi uomini vogliono imbrogliarci! Da alcuni giorni gli animali del bosco vengono qui in città. Penso che vogliano dirci qualcosa. E lo stesso hanno fatto questi pesci: sono scesi dal bosco alla città. Questi uomini vestiti di nero sapevano già che sarebbero arrivati. Così come già sapevano in anticipo dell'arrivo dell'orso, delle lepri e dell'usignolo...".
"Cosa? – chiede stupito il sindaco – Sono venuti in città degli animali del bosco?".
"Portatelo via! – urla uno degli uomini vestiti di nero – Signor sindaco, mi scusi, ma non darà mica credito alle parole di un ragazzino?". Black scopre i denti e ringhia minaccioso.
"Lasciatelo parlare!" dice il sindaco.
Intanto la televisione trasmette tutto quel che succede.
"Sono sicuro che è stato quel lupo ad avvisare gli uomini vestiti di nero dell'arrivo degli animali dal bosco! Ogni volta! – dice Mattia – E subito dopo quegli uomini hanno avvisato lo zoo e gli accalappiacani. Altrimenti non si spiega come siano arrivate le notizie dal bosco!" e comincia a raccontare al sindaco quel che ha visto nei giorni precedenti e le ipotesi che ha maturato.

Nel frattempo, Pistacchio, incitato da tutti i pesci, ne approfitta per fuggire.
"Non da quella parte! – gridano i pesci – Di là entri nella fabbrica! Ti cattureranno!".
"Non temete! – urla lo scoiattolo – So quel che faccio!".
Pistacchio entra nella fabbrica attraverso il portone e dopo un po' i pesci lo vedono arrampicarsi sulla ciminiera.
Pistacchio sale, sale sempre più in alto, finché un grosso uccello lo afferra con le zampe e vola via, in direzione del bosco.
"Grazie Cirilla!" dice Pistacchio.
"Ho fatto di testa mia! – dice Cirilla gongolante – Allora ti eri accorto che ti seguivo dall'alto, piccolo Pistacchio!".
"Veloce, adesso, portami più in fretta che puoi al Pieno Consiglio! Speriamo siano tutti ancora lì: i pesci sono in grave pericolo!".

E velocemente Cirilla porta a compimento la sua missione.

Pistacchio, dinnanzi all'assemblea ancora riunita, racconta dei pesci in pericolo, degli uomini vestiti di nero, di Mattia, del tradimento di Black.
Il silenzio piomba nel Pieno Consiglio.
"Non so cosa fare adesso..." dice la tartaruga.
"È il momento giusto, amici! – dice Cirilla – È il momento per costruire il mio nido in città!".

"Cirilla, uffa...".

"Un momento – dice Pistacchio – lasciamola parlare!".

"Vorrei costruire il mio nido in città...".

"In città, Cirilla? Ma sei sicura? – chiede Pistacchio – È già difficile per te costruire un nido nel bosco...".

"Sì! – risponde Cirilla gongolante – Sono sicura...".

"Vai pure, Cirilla, se vuoi... – dice distrattamente la tartaruga – Intanto dobbiamo trovare una soluzione per i pesci, per il bosco...".

Cirilla spicca felice il suo volo.

E vola vola, veloce verso la città.

Frena in prossimità della fabbrica dove sono ancora raccolti gli uomini vestiti di nero, il sindaco, Mattia, i giornalisti, le televisioni e tanta tanta gente.

Raccoglie veloce con il becco, dai prati lì intorno, una grande quantità di fieno. Poi con qualche volo lo trasporta in cima alla ciminiera.

Lo lavora con il becco.

E in batter d'occhio il nido è pronto.

Cirilla ha fatto il suo nido. Il suo primo nido.

Sulla bocca della ciminiera.

"Fatto! – grida Cirilla – Ce l'ho fatta! – grida felice – Ho costruito anch'io il mio nido! – grida Cirilla con un verso stridulo – Non era poi così difficile! – grida Cirilla con un verso talmente acuto da attirare l'attenzione di tutti gli uomini presenti.

E tutti guardano verso la ciminiera.

Il fumo nero, non trovando sbocco dalla ciminiera tappata dal nido di Cirilla, invade tutti i locali della fabbrica da cui scappano altri uomini vestiti di nero. "Respirare questa roba schifosa può ucciderci! – dicono tossendo mentre escono all'aperto avvolti da una nube scura – Come mai è tornata indietro questa polvere nera? Avrebbe dovuto posarsi tutta nel bosco!".

Solo in quel momento, quando la nube nera che li avvolge si dirada, si accorgono di non essere soli. Vedono altri uomini vestiti di nero. Ma vedono anche il sindaco, Mattia, la folla, le televisioni.

"Avete sentito signor sindaco? – dice Mattia – Hanno detto che la polvere nera doveva andare nel bosco!".

"Se è come sospetto – dice il sindaco agli uomini vestiti di nero – siete tutti nei guai!".

La gente applaude.

Vengono inviati immediatamente degli scienziati nel bosco, per verificare la situazione.

Gli scienziati, non appena entrano nel bosco, subito si accorgono del rumore continuo: subito capiscono che si tratta delle foglie che tossiscono.

E vedono la polvere nera.

Polvere nera sulle piume degli uccelli.

Polvere nera sul pelo degli animali.

Polvere nera nei nidi.
Polvere nera nelle tane.
Polvere nera nell'acqua.
Polvere nera nell'aria.
Polvere nera negli occhi.
Gli scienziati ritornano in città di corsa.
La situazione è grave.

"La situazione è gravissima! – annunciano, quella sera, gli scienziati alla televisione – Gli alberi del bosco hanno cominciato a tossire: le loro foglie non riescono più a respirare. E la causa di tutto questo sapete cos'è? Non lo immaginereste mai: è la polvere nera che esce dalla ciminiera della fabbrica! I suoi proprietari hanno sempre cercato di farci credere che la loro fabbrica non inquina. Quella fabbrica va chiusa o va trasformata: sta provocando un gravissimo disastro ecologico! Tra l'altro nessuno di noi ha mai capito cosa fabbrichino lì dentro e, sinceramente, nutriamo il forte sospetto che quegli uomini vestiti di nero fabbrichino qualcosa di molto losco, lì dentro... come ad esempio delle armi...".

La mattina successiva la fabbrica viene trovata completamente vuota. E abbandonata.
Silenziosamente, senza farsi vedere, tutti gli uomini vestiti di nero sono fuggiti nella notte buia.
Di loro non resta più alcuna traccia.
"Meglio così! – dice il sindaco – Questa fabbrica verrà subito trasformata. E su suggerimento di Mattia diventerà una fabbrica di cioccolata! Dalla sua ciminiera uscirà solo un profumo invitante. Il bosco è salvo!". E viene stabilito di liberare immediatamente tutti gli animali catturati.

Nel bosco ora è riunito il Pieno Consiglio.
Gli animali festeggiano Cirilla. La portano in trionfo.
Tutti si sono già scusati con lei, compresa la tartaruga, per non averla lasciata mai parlare.
Gli animali festeggiano quindi Pistacchio, Remigio, le lepri, Fischio, i pesci.
"Amici animali..." dice la tartaruga.
Tutti fanno silenzio.
"Il bosco è salvo!".
E scoppiano grida di entusiasmo. Un boato felice, fatto di versi di animali.
"Mi stavo dimenticando... – dice poi la tartaruga – per cortesia, qualcuno vada ad avvertire le lumache che è tutto sistemato. Qualcuno vada a dire loro che possono ritornare indietro...".